——————————— 님의 소중한 미래를 위해
이 책을 드립니다.

재테크만 열심히 하면 정말
부자되는 줄 알았다

재테크만
열심히 하면 정말
부자되는 줄 알았다

조진환 지음

메이트북스

메이트북스 우리는 책이 독자를 위한 것임을 잊지 않는다.
우리는 독자의 꿈을 사랑하고,
그 꿈이 실현될 수 있는 도구를 세상에 내놓는다.

재테크만 열심히 하면
정말 부자되는 줄 알았다

초판 1쇄 발행 2019년 1월 4일 | **초판 2쇄 발행** 2024년 5월 3일 | **지은이** 조진환
펴낸곳 (주)원앤원콘텐츠그룹 | **펴낸이** 강현규·정영훈
편집 안정연·신주식·이지은 | **디자인** 최선희
마케팅 김형진·이선미·정재훈 | **경영지원** 최향숙
등록번호 제301-2006-001호 | **등록일자** 2013년 5월 24일
주소 06132 서울시 강남구 논현로 507 성지하이츠빌 3차 1307호 | **전화** (02)2234-7117
팩스 (02)2234-1086 | **홈페이지** www.matebooks.co.kr | **이메일** khg0109@hanmail.net
값 15,000원 | **ISBN** 979-11-6002-194-3 03190

이 도서의 국립중앙도서관 출판시도서목록(CIP)은 e-CIP홈페이지(http://www.nl.go.kr/ecip)에서
이용하실 수 있습니다.(CIP제어번호 : CIP2018039440)

부는 지혜로운 사람의 노예이자
바보의 주인이다.

• 세네카(스토아학파 철학자) •

부자가 아니어도
얼마든지 행복할 수 있다

생각해봅시다. 공부를 많이 하면 여러분의 자산이 늘어날까요? 재테크 책이나 인터넷에서 권유하는 방식으로 투자하면 성공할까요? 지금까지 재테크를 통해 성공했다고 생각하십니까? 투입하는 시간이나 노력에 비해 결과가 좋지 않은 것이 바로 돈에 관한 공부입니다. 이제 여러분은 여러분의 시간과 노력을 재테크가 아닌 다른 곳에 투자해야 합니다.

재테크? 재무설계? 자산관리? 짠테크? 어떤 단어가 여러분의 마음에 드십니까? 정답은 여러분의 경제 상황과 관련이 있습니다. '나'라는 말이 빠진 단어들은 누군가의 이익을 위해 만들어진 허상입니다. 나의 기질과 성향과 현재의 재무상황이 반영되지 않은 정보는 오히려 여러분에게 독이 됩니다. 여러분의 행복한 경제생활을 가로막거나 삶을 잘못된 방향으로 유도할 수 있습니다.

대부분의 중산층 서민은 재테크 등의 단어에 흥분하고 욕망합니다. 아니면 경시합니다. 둘 다 적절하지 않습니다. 시중에 떠도는 정보 가운데 여러분을 위한 정보가 어디 있을까요? 진정 여러분이 재테크에서 성공하기를 바라는 전문가가 있을까요? 전문가들은 여러분에게 무엇인가를 판매하기 위한 수단으로 정보를 제공하는 이들이 대다수입니다.

부자가 될 수 있다고 주장하는 책들과 부자가 될 수 있다고 말하는 사람들이 주위에 넘쳐납니다. 하지만 알고 보면 그 책을 쓴 저자도 부자가 아닙니다. 부자가 아닌 사람이 부자가 될 수 있다고 말하는 아이러니와 그렇게 될 수 있다는 환상을 좇는 대중이 있습니다. 최근에는 스스로 부자라고 말하는 저자들이 자신이 부자가 된 과정과 내용을 공개하려고 책을 쓰는 추세입니다.

하지만 상식적으로 생각해보면, 부자인 사람이 스스로 부자라 말하고 부자가 된 과정을 굳이 공개할 이유가 있을까요? 경영에 대한 철학이나 그들이 살아온 과정을 그려내는 자서전이라면 모르지만 말입니다. 중요한 점은 그 사람이 부자가 된 과정을 말하는 순간, 이미 그 방법은 과거의 방식이 된다는 것입니다. 새로운 성공의 방법이 될 수 없다는 이야기입니다. 그리고 그것을 일반적인 상황에 모두 적용할 수도 없습니다. 모두가 부자가 될 수 있다고 믿는 것 또한 모순입니다. 부자는 상대적인 개념이기에 누구나 부자라면 부자는 스스로를 부자라고 느끼지 않을 겁니다.

2002년 여름, 제가 이 일을 처음 시작했을 때는 객관적이고 공정하게 금융 상품을 판매하는 것이 목적이었습니다. 그때는 그런 사람들이 많지 않았으니까요. 다들 자신들의 이익을 위해 과도한 상품 판매에만 몰두했습니다. 하지만 오랜 시간이 지난 지금도 그리 달라진 것 같지는 않습니다. 현재는 금융 상품 판매보다는 경제에 대한 올바른 지식을 대중에게 전달하는 강의와 상담에 집중하고 있습니다. 대중을 만나는 시간이 많아지면서 제가 금융지식이나 경제학 이론에 부족하다는 것을 깨닫고 다양한 공부를 한 적도 있습니다.

또한 기초수급자에서부터 수십억 대의 자산을 가진 부자들까지 재무 컨설팅을 통해 그들의 가정 경제를 건강하게 만드는 데 기여도 했습니다. 하지만 제가 오랜 시간 시민들의 곁에서 경험한 사실은, *경제에 관한 진리는 지식이나 정보는 중요하지 않다는 것입니다. 핵심은 다음의 3가지입니다.* 이 3가지 요인은 돈과 관련되었을 뿐만 아니라 나라 경제를 이해하는 데도 깊은 관련이 있습니다.

첫 번째는 사람의 마음, 즉 '심리'에 관한 겁니다. 돈을 모으고 절약하는 것에서부터 돈을 불리는 투자의 기술까지 모두 심리와

관련이 깊다는 사실입니다. 그 심리는 개인의 역사와 관련이 깊습니다. 어떤 사람이 과소비를 하는 이유를 알기 위해서는 그 사람이 살아온 삶의 궤적을 알아야 하고, 어린 시절 돈에 관한 충격적인 사건이나 어려움을 경험했다면 현재의 과소비나 지나친 절약으로 나타날 수 있다는 것을 알게 되었습니다. 그것이 돈을 벌고, 돈을 쓰고, 돈을 불리는 모든 경제생활과 깊은 관련이 있다는 것을 말입니다.

두 번째로 중요한 것은 '흐름'입니다. 돈의 흐름, 세상의 흐름, 그리고 사람 마음의 흐름을 말합니다. 특정한 시점에 정체되어 있지 않고 흘러가는 것을 말합니다. 일시적인 순간의 감정이 아니라 몇 년의 시간에 걸쳐 형성되어진 방향, 즉 과거에 어떻게 흘러왔고 현재는 어디쯤에 있으며 앞으로 어떻게 갈 것이라는 그 흐름에 대한 이해가 우리의 경제생활을 현명하게 하고 돈을 벌 수 있게 해줍니다.

세 번째는 '태도'입니다. 태도란, 어떤 일이나 상황 따위를 대하는 마음가짐입니다. 돈에 대한 태도가 어떤 행위를 시작할 때 결정적이라는 겁니다. 돈에 대한 위선을 버리고 불안을 없애고 스스로의 자존감을 지키기 위해 돈에 대한 올바른 태도를 갖는 것은 굉장히 중요합니다. 돈은 나쁘지도 않고, 좋은 것도 아닙니다. 돈은 가치중립적입니다. 돈에 대한 올바른 태도를 가지는 것이 현재의 상황을 올바르게 해석하고 돈을 벌 수 있게 하는 결정적

인 요인입니다.

　이 책은 돈에 대한 심리와 흐름을 알게 하고 돈에 대한 올바른 태도를 이해하기 위한 목적으로 집필했습니다. 바로 이 3가지를 알기 위해 저는 16년이라는 시간을 보냈기에 여러분은 이 책을 읽는 것만으로 그 시간의 축적된 경험을 얻을 수 있을 거라 생각합니다.

조진환

진정한 경제적 자유를 위한
올바른 돈 공부

'백세 시대'라고들 합니다. 여명을 앞둔 마지막 10년의 시간은 질병과 인지 기능의 저하로 인해 적극적인 사회 활동이 힘들어집니다. 따라서 우리는 90년의 시간을 나눠서 생각해볼 필요가 있습니다. 삶이 90세까지 이어진다는 가정이 필요하다는 말입니다.

90세의 인생을 3번에 나눠서 생각해본다면, 처음 30년은 배우고 익히는 시간이죠. 그 다음 30년은 경제생활을 치열하게 하는 기간이죠. 즉 돈을 버는 것과 돈을 쓰는 것, 돈을 불리는 것 등에 관한 수많은 경험과 시행착오를 겪으며 가정경제에 관한 틀을 잡고 그 방식대로 삶을 운용해나가는 중요한 시기가 될 겁니다. 그리고 남은 마지막 30년, 즉 후반부의 삶은 앞선 60년의 시간보다는 여유있는 삶이 되어야겠죠. 여기에서의 여유란 경제적인 것과 정신적인 것을 포함한 것입니다.

이 책은 인생의 중반기 30년(저는 20대 후반부터 40대 후반까지를 이 책의 독자라 생각하고 집필했습니다)에 있는 사람들을 위한 내용입니다. 인생의 중반기에 있는 이 30년이 가장 중요한 이유는 이 시기 동안 돈에 대한 올바른 생각과 적절한 통제와 기본적인 금융 지식 없이 보낸다면 삶의 여명을 준비해야 할 후반기의 30년이 불행으로 마감될 수 있기 때문입니다.

'중요하다'는 의미는 꼭 돈을 많이 남기기 위한 것은 결코 아닙니다. 자신의 소득 범위 내에서 미래를 준비하고, 위험에 적절하게 대비하며, 가능한 수준만큼 소비하며 살 수 있다면 충분합니다. 이 시기에 내 집 마련, 노후 준비, 자녀 지원에 관한 생각과 실행이 모두 끝나야 남은 30년이 행복해질 수 있습니다.

이 30년은 격변기일 수도 있습니다. 투자나 사업을 통해 한 순간에 큰돈을 벌 수도 있고, 쉽게 들어왔던 그 돈이 순식간에 사라질 수도 있습니다. 빠르게 변화하는 시대에 부응하지 못해 오래 다녔던 직장에서 해고될 수도 있습니다. 자영업을 하고 있다면 과거보다 일의 안정성이 떨어질 수 있습니다. 그래서 지금의 시대는 돈을 한 순간에 많이 버는 것보다, 적당한 수입이 오랫동안 유지되는 것이 훨씬 중요합니다.

현재 소득이 적더라도 변화하는 세상에 눈을 돌려 새로운 것에 끊임없이 도전해야 합니다. 직업의 변화와 소득의 변동성이 어느 때보다 크게 발생할 것입니다. 일시적으로 소득이 적더라도, 문제없이 경제생활을 할 수 있는 돈에 관한 통제력이 어느 때보다 중요한 시대라는 말입니다. 그 어려운 시기를 잘 견뎌낼 수 있다면 언젠가 새로운 기회가 생길 가능성도 있습니다. 그래서 힘든 시기를 잘 버티는 것이 중요합니다. 그게 가능하려면 돈의 흐름을 이해하고 효과적으로 통제할 줄 알아야 합니다. 그것이 현명한 경제생활을 위한 핵심입니다.

저는 1인 기업가입니다. 특정한 금융회사나 단체의 이익을 고려하지 않고, 그 어떤 사람의 영향력 아래 있지도 않습니다.

이 책은 독자가 현명한 경제생활을 할 수 있도록 돕는 것에 그 목적이 있습니다. 독자의 입장에서 생각하고 금융소비자의 이익을 위해 글을 썼습니다.

차례

왜 당신은
부자가 되려고 하세요?

2장

재테크 정보가
중요한 게 아닙니다

3장

돈 관리를
하지 못하는 이유

4장

돈에 대한
올바른 태도가 중요합니다

5장

경제교육이
자녀의 미래를 결정합니다

『재테크만 열심히 하면
정말 부자되는 줄 알았다』
저자 심층 인터뷰

Q. 『재테크만 열심히 하면 정말 부자되는 줄 알았다』를 소개해주시고, 이 책을 통해 독자들에게 전하고 싶은 메시지가 무엇인지 말씀해주세요.

A. 재테크를 통해 부자가 되려 하기보다는 삶을 통제하며 행복한 경제생활을 하는 것이 더 나은 삶이라는 것을 말하고 싶었습니다. 제가 16년간 재무상담사와 경제강사 일을 하며 느낀 생각입니다. 삶을 통제한다는 것은 돈을 통제하는 것에서 출발하고, 돈을 통제할 수 있는 방법은 돈의 흐름을 파악하고 예측하고 계획하는 것입니다.

우리가 삶을 통제할 수 없는 가장 큰 이유는 빨리 부자가 되려 하기 때문입니다. 재테크와 부자라는 말이 화두가 된 지 20년의 시간이 지났습니다. 재테크를 통해 부자가 된 사람은 소수입니다. 그것을 쉴 새 없이 말해온 금융전문가와 부동산전문가라는 사람들이 부자가 되었고, 금융회사와 부동산 중개인이 돈을 벌었습니다. 이제 우리는 재테크에 대한 환상에서 벗어나 올바른 방향으로 가야 할 때입니다. 이 책을 통해 그 방향을 제시하겠습니다.

Q. 재테크 중독에 빠진 사람들이 많다고 하셨습니다. 재테크 중독이란 것이 어떤 개념이고, 어떻게 해야 빠져나올 수 있는지 알려주시기 바랍니다.

A. 재테크 중독이란 자신의 일상생활 중 과도하게 재테크 정보를 찾고 돈과 관련된 것에 몰입되어 있는 것을 의미합니다. 이러한 중독에서 벗어나기 위해서는 관심을 돈이 아닌 다른 데로 돌려야 합니다. 매일매일 정보를 찾거나 돈에 집중하지 말고, 세상의 흐름과 사회의 변화, 나의 행복으로 관심사를 돌려야 합니다. 세상이 어떻게 변해가고 있는지, 사람들의 마음은 어떤 것에 관심이 있는지, 나의 행복을 위해서 나는 지금 무엇을 해야 하는지에 관심을 가지고 집중한다면 재테크 중독에서 벗어날 수 있습니다. 오히려 한 발 떨어져서 사람과 사물을 관찰할 수 있어야 대상을 제대로 이해할 수 있음을 잊지 말았으면 합니다.

Q. 부자가 되겠다는 욕망에서 벗어나야 된다고 하셨습니다. 그렇다면 돈에 대한 우리의 목표는 무엇이어야 하는지 말씀해주시기 바랍니다.

A. 자신의 직업 분야에서 열심히 하다보면 새로운 기회가 생겨 나고, 다른 일에 대한 가능성으로 연결됩니다. 앞으로 우리가 살아갈 고령화 시대에는 젊었을 때 돈을 많이 벌어서 노후를 대비하기보다는, 지속적으로 해야 할 일거리가 있어야 할 것입니다. 돈이 많다고 해서 모든 것이 해결되지는 않을 테니 말입니다. 일을 지속하기 위해서는 지금 무엇이든 시작해보세요. 그 일에서 어떤 일이 펼쳐질지 아무도 알 수 없습니다.

경제적 자유의 시작은 인내하고 경험하며 실패하는 과정의 반복입니다. 시간이 필요하다는 말입니다. 한순간에 부자가 되겠다는 욕망은 우리가 가고자 하는 방향을 잃어버리게 합니다. 많은 사람들이 착각하는 것이 바로 일을 하지 않아도 끊임없이 돈이 들어오는 게 경제적 자유라고 생각하는 겁니다. 그런 상황이 되면 정말 자유로워질까요? 인간의 욕망은 멈추지를 않는데 말입니다. 경제적 자유는 자신의 소득 범위 내에서 미래의 경제적 위험에 대비하고 돈을 통제할 수 있는 시스템을 만든 후, 돈 관리로부터 자유로워지는 것을 의미합니다. 돈에 대한 목표는 이렇듯 진정한 경제적 자유를 얻는 것이 되어야 합니다.

Q. 재테크 등의 단어에 흥분하고 욕망하는 것도, 아니면 반대로 경시하는 것도 둘 다 적절하지 않다고 하셨습니다. 재테크에 대한 적절한 시각에 대해 알려주시기 바랍니다.

A. 재테크에서 몇 번은 성공할 수는 있습니다. 하지만 지속적으로 성공하기는 쉽지 않습니다. 삶의 변동성도 아주 큽니다. 만일 일시적으로 성공했다면 그건 개인의 노력으로만 가능했던 게 아니라, 그 당시의 경제적 상황과 운이 작용했기 때문이라고 볼 수 있습니다. 그래서 단기적으로 투자 대상과 수익률을 좇으며 이리저리 왔다 갔다 하는 것이 아니라, 세상의 변화와 사람들의 심리, 돈의 흐름에 대한 직관력을 키워 꾸준하게 저축과 투자를 유지하는 게 올바른 시각입니다. 어느 정도의 돈이 모였을 때 재테크를 하세요. 그 전까지는 지식과 정보보다 돈을 통제하고 저축의 규모를 늘리는 것이 더 중요합니다.

Q. 지나친 절약은 삶의 방향을 잃어버리게 한다고 지적하셨습니다. 지나친 절약 때문에 놓치기 쉬운 것들에 대해 알려주시기 바랍니다.

A. 돈을 절약하기 위해 사람과의 유용한 관계를 포기해야 하거나 자신의 능력을 계발하기 위한 지식 습득의 기회를 놓칠 수 있습니다. 두 항목 다 돈이 필요하기 때문입니다. 특히 젊은 시절에는 더 그렇습니다. 직장생활을 하며 선배들에게 일을 배우고, 다양한 사람들과 관계를 형성하고, 스스로의 능력을

집중적으로 계발해야 할 시기에 돈을 아낀다는 명분으로 이 모든 것을 포기하면 어떻게 될까요? 사람이 한 가지에만 너무 집중할 경우 삶의 균형이 깨지고 그 한 가지에 과도하게 집착하는 모습을 보입니다. 절약도 마찬가지입니다. 돈을 벌어 적절하게 사용하고 돈을 통해 내 삶이 행복해지는 것이 아니라 돈만이 나의 목표이자 내 삶의 전부가 되어버립니다. 따라서 지나친 절약으로 소중한 것들을 놓치는 우를 범하지 맙시다.

Q. 재테크 지식이나 정보는 중요하지 않다고 하셨습니다. 그렇다면 돈과 관련해 정말로 중요하기에 우리가 꼭 알아야 할 핵심은 무엇인가요?

A. 금융에 관한 기본 지식 정도는 이해해야 재테크를 실행할 수 있습니다. 투자는 여유 자금으로 멀리 보고 하는 것입니다. 하루하루, 한 해 한 해의 성과에 연연할 정도라면 투자를 하지 말아야 합니다. 여러분의 직업이 투자자가 아닌데 매일 경제 상황을 신경 쓰고 국가 경제의 앞날을 예측할 필요가 있을까요? 물론 예측대로 되지도 않을 것입니다. 지식보다 중요한 것은 직접 내 돈으로 무엇이든 실행하는 것입니다. 실행을 해야만 실패와 성공의 경험을 하게 되고, 그 경험의 시간으로 인해 좀 더 성공적인 길로 나갈 수 있습니다. 물론 일정 정도의 자산을 모은 후에 실행해도 늦지 않습니다. 실행해보면 그 기분과 몰입감, 두려움과 불안에 대해 알 수 있습니다. 그것이

자신의 성향과 맞는지, 내가 그 두려움을 이겨낼 수 있는지를 겪어봐야 올바른 재테크 방식을 이해할 수 있습니다.

Q. 집에 대한 자신만의 확고한 가치관이 있어야 한다고 말씀하셨습니다. 자세한 설명 부탁드립니다.

A. '집은 거주의 공간'이라는 가치관을 가져야 합니다. 살고 싶은 집에 대한 기대치를 낮추고, 자산의 50% 수준 이내에서만 집의 구매비용으로 고려해야 합니다. 집은 투자 대상에서 제외해야 합니다. 앞으로 경제 환경과 사람들의 인식이 변할 것입니다. 집은 사는 '것'이 아니라 사는 '곳'일 뿐이라는 인식으로 말입니다.

집은 부동산입니다. 부동산은 땅이나 건물 같이 움직여 옮길 수 없는 재산을 의미합니다. 움직여 옮길 수 없기 때문에 다음과 같은 문제가 발생합니다. *첫 번째가 유동성 문제죠.* 처분하고 싶을 때 그렇게 할 수 없습니다. 가장 핵심적인 단점입니다. 본인이 원하는 시점과 금액으로 팔 수 있는가가 중요합니다. 가정의 경제적 상황의 변동이나 목돈이 필요할 때 처분할 수 있는가의 문제는 향후 주택 공급이 넘쳐나고 인구가 줄어드는 시대에 심각한 문제가 될 것입니다. *두 번째는 집과 관련되어 발생하는 세금과 수수료입니다.* 취득세와 등록세, 취득과 매도시의 부동산 수수료와 등기 비용, 유지할 때 필요한 재산세와 고가주택의 종합부동산세, 매도할 때 이익이 발생하면 내야 할 양도소득세 등의 세금입니다. 만만치 않은 금액이지만 일반적으로 세심하게 고려하지 않습니다. 다주택자의 경우 더 많은 세금을 부담합니다. *세 번째, 주택 관리비용입니다.* 집은 시간이 흐를수록 낡아갑니다. 그로 인해 유지보수 비용과 감가하락 비용이 발생합니다. 이런 비용의 총합을 면밀하게 계산하고 집을 구매해야 합니다.

Q. 주식 직접투자로 성공하기가 어려운 이유는 무엇인가요? 그렇다면 평범한 개인을 위한 다른 투자 대안에는 무엇이 있을까요?

A. 삼성자산운용과 한국거래소의 자료를 근거로, 2012~2017년까지 연도별 개인순매수 1위 종목의 수익률 평균은 −29.4%로 같은 기간 동안 KOSPI 수익률 연평균 5.1%임과 비교할 때 매우 저조합니다. 투자를 한 해만 하는 것이 아니라 몇 년 동안 하는 것임을 고려하면 수년 동안의 평균수익률을 생각하지 않을 수 없죠. 그러나 많은 개인들은 희망을 꿈꾸며 매일 주식 직접투자를 합니다. 그리고 극히 일부는 몇 번의 수익을 내고 대부분 손실을 봅니다. 그 일부를 제외한 대다수는 큰 손실을 봅니다.

개인이 간접투자 방식인 펀드와 ETF투자를 하지 않을 이유는 없습니다. 괜찮은 펀드를 선택하기 위해 시간을 투입해 공

부하고, 수 년 동안 사용하지 않을 돈을 투자한 후 잊고 지내면 됩니다. 오랜 기간 돈을 사용하지 않아도 된다면 성공확률이 더 높을 것입니다. 노년 준비나 자녀교육자금 마련 등의 장기적인 목적이라면 펀드투자는 성공합니다. 설령 손실이 나더라도 원금은 모아지지 않습니까? 손실과 이익의 차이가 그리 크지도 않습니다. 몇 억 원을 투자하지 않는다면 말입니다. 위험을 감당하지 않고 저축만 할 수도 있으나, 오랜 시간동안 투자한다면 수익이 발생할 확률이 높다는 것이 미국뿐만 아니라 우리나라에서도 증명되었습니다.

Q. 돈 관리를 하지 못하는 이유에는 여러 가지가 있다고 하셨습니다. 가장 근원적인 이유는 무엇인가요?

A. 돈을 지출한 후 관리한다는 사고방식의 문제가 가장 큰 이유입니다. 돈은 관리하는 것이 아니라 통제하는 것입니다. 사후에 기록하고 기억하는 것이 아니라, 사전에 자신의 소득 범위 내에서 계획을 세워 통제할 수 있도록 시스템을 만드는 것입니다. 시스템을 만든 후 오랫동안 실행을 통해 습관이 되게 하는 것입니다. 어렵고 힘든 일이지만 반드시 실천해야 돈을 관리하지 않고 통제할 수 있게 됩니다. 또한 지출항목 전체를 통해 절약을 계획할 것이 아니라, 각각의 지출항목별로 세분화해서 계획을 세워야 합니다. 특히 계획을 세울 때는 월 단위가

아니라 연 단위로 계획을 세워야 합니다. 정부나 기업도 연간 계획을 세우는 것처럼 가정경제도 마찬가지입니다.

Q. 돈과 관련된 사람들의 태도와 행동은 너무나도 다양합니다. 삶의 중심을 어디에 둘 것인가의 문제이기도 해서 정답은 없겠지만 진솔한 조언 부탁 드립니다.

A. 우리는 자본주의를 살아가면서 그 어떤 것보다 돈에 대해 잘 이해하고 있어야 합니다. 돈을 좇는 삶을 의미하는 게 아니라, 돈을 잘 다루는 삶을 살기 위해서입니다. 개인의 자존감을 지키기 위해서는 자신의 삶에서 가능한 수준만큼 돈을 벌고 관리하고 소비하는 것에 대해 계획을 세워 행동해야 합니다. 소비와 소유를 줄여나가면 생각보다 적은 돈으로 행복하게 경제생활을 할 수 있습니다. 타인과 비교하는 것을 멈추면 오히려 소비하지 않아도 자존감을 높일 수 있습니다.

금융회사와 미디어가 조장하는 돈에 대한 불안을 이겨내야 합니다. 미래에 발생할지도 모를 위험은 자신의 소득 범위 내에서 적절하게 대비하면 됩니다. 쉽게 번 돈은 쉽게 나갑니다. 일확천금을 이야기하며 투자를 유도하는 사람들과 책들과 미디어를 조심해야 합니다. 인생을 길게 조망할 수 있어야 돈에 끌려 다니지 않습니다. 돈에 대한 올바른 생각을 가진 사람들과 교류하면 본인도 행복하게 경제생활을 할 수 있습니다.

1. 네이버 검색창 옆의 카메라 모양 아이콘을 누르세요.
2. 스마트렌즈를 통해 이 QR코드를 스캔하면 됩니다.
3. 팝업창을 누르면 이 책의 소개 동영상이 나옵니다.

부자를 꿈꾸기 전에 원하는 삶의 모습을 먼저 그려보세요. 그 과정에서 구체적인 삶의 이정표를 만들고 열심히 실행하다 보면 경제적 자유를 얻을 수 있습니다. 부자가 될 수 있다고 말하는 책, 그리고 부자를 만들어줄 것처럼 말하는 사람들을 멀리하세요. 부자가 되었다고 이야기하는 공식을 따르지 마세요. 이미 성공한 방식으로는 실패할 확률이 더 높습니다. 돈을 통제할 수 있는 방법을 고민하고, 행복한 경제생활을 위해 집에 대한 관점을 전환해야 합니다.

왜 당신은
부자가 되려고 하세요?

삶에 대한 통제가 중요합니다

자신이 원하는 삶의 모습을 먼저 결정하고, 자신만의 기준을 만듭시다.
삶을 통제한다는 것은 현재 수준에서 돈을 모으고 불리기 위한 첫걸음입니다.

여러분이 원하는 삶의 모습을 먼저 결정해야 합니다

...

우리가 돈을 통제하지 못하고 돈에 끌려 다니는 삶을 사는 이유
는, 우리의 삶을 구체적으로 그려보지 않아서입니다. 청소년기에
돈에 관한 공부를 하지 않았고, 직업을 가져야 하는 20대에도 삶
의 청사진을 그려보지 않았습니다. 막연하게 열심히 살고 돈을
많이 벌면 될 것이라 생각했습니다. 무엇이 중요하고 무엇에 집
중해야 하는지 인생의 선배에게 배우지 못했습니다. 주위에 정보
는 넘쳐나지만 정작 여러분을 위한 정보는 찾기 힘듭니다. 여러
분 스스로 정보를 선별해서 활용할 수준도 아닙니다. 여러분은

정보를 찾기 전에 원하는 삶의 모습을 먼저 그려보아야 합니다. 어디로 가야 하고 어떻게 갈 것인지 고민해봐야 합니다.

"돈 관리가 어렵다"는 말을 입에 달고 다니는 사람들이 있습니다. 그들은 돈을 어디에 쓰고 어디에 쓰지 말아야 할지를 진지하게 생각해보지 않아서 그렇습니다. 지출해야 할 일이 발생하면 그에 맞춰 신용카드로 지출하고, 급여가 들어오면 급여일에 갚는 것이 습관이 되어 버렸습니다. 물건이 필요하면 지출하고, 현금이 없으면 신용카드로 미리 결제한 후 나중에 빚처럼 갚으면 되는 거죠. *그들에게 월급날의 의미는 계획 없이 소비한 금액을 무심하게 갚는 행위일 뿐입니다.* 그들은 인생이라는 긴 여행에서 목적지가 정해져 있지 않고, 나침반과 지도가 없는 상태인 것과 같습니다. 어디로 가야 할지를 결정하지 못한 채 일단 길을 걷게 되어버린 것입니다.

만일 목적지를 먼저 정해놓고 길을 걷는다면 길을 가다 어려운 상황에 직면해도 그 어려움을 이겨내야 한다는 목표의식과 절박함이 있을 건데, 목적지가 없으니 어려운 길이 나오면 돌아서 가려 합니다. 사람은 누구나 어려운 길을 가기보다 쉬운 길을 찾기 마련입니다. 쉬운 길만 가다보면 그 길의 끝이 절벽인지 분간을 못하게 됩니다. 그래서 삶의 목적지를 먼저 정해야 합니다. 이 말은 돈과 관련된 구체적인 그림을 그려보라는 말과 같은 의미입니다. 우리는 가까운 곳에 나들이를 갈 때도 계획을 세운 후에 출발합니다. 그런

데 우리의 인생에서 그보다 훨씬 더 중요한 결혼자금 마련, 주택구입자금 마련, 출산과 양육 등에 관해서는 왜 꼼꼼하게 계획하지 않을까요? 삶이라는 여행에서 중요한 고비마다 도달해야 할 기착지(목적지로 가는 도중에 잠깐 들르는 곳)와 같은 것인데 말입니다.

인간의 모든 정신생활은 자신의 목표에 의해 결정된다. 이런 목표가 있기 때문에 생각하고 느끼고 바라며 꿈도 꾸는 것이다. 다만 목표를 정확히 인식하는가, 스스로 알지 못한 채 잠재되어 있는가 하는 차이가 있을 뿐이다. 목표가 없다, 무기력하다, 하고 싶은 것이 없다고 말하는 것은 그만큼 목표가 현실보다 너무나 커서 차마 입 밖으로 꺼내지 못하는 것이다.

최근 주목받고 있는 심리학자 알프레드 아들러의 말입니다. 삶은 그렇게 만만하지 않습니다. 계획한 대로 되지도 않습니다. 하지만 계획대로 되지 않으니 목표를 세우지 말고 되는대로 살라는 것은 매우 위험한 이야기겠죠. 인생의 우연한 사건이나 일시적인 기쁨에 의해 방향을 잃기 쉬우니까요. 계획대로 되지 않지만 계획을 세워야 하는 이유입니다. 하지만 원래의 계획이나 목표에서 수정하는 과정은 반드시 필요합니다. 가능하면 특정 시점마다 주기적으로 점검하고 상황에 맞게 변화시켜 나가는 것이 더욱 좋습니다.

일반적인 라이프 사이클을 한번 볼까요?

...

2018년, 이 시대를 살고 있는 평균적인 모습을 한번 그려보겠습니다. 태어나서 고등학교 또는 대학교까지 교육을 받습니다. 짧으면 20살, 길어야 30세 정도까지입니다. 대학을 졸업하고 취업준비를 하는 기간까지 포함하면 말입니다. 특정 시험을 준비할 수도 있고, 해외여행을 통해 시야를 넓힐 수도 있는 시기가 여기까지입니다. 본인의 교육자금은 일반적으로 스스로 돈을 벌어서 지출하기보다는 부모님의 가치관과 경제 상황에 의해 결정되다 보니 여기서는 생략하겠습니다.

교육을 받은 후에는 누구나 취업을 해야 합니다. 취업한 후 결혼을 한다는 가정하에 재무적인 이벤트를 하나씩 점검해보겠습니다. 현재 미혼이거나 결혼을 희망하지 않는 사람이라면 다음의 재무적 이벤트 중에서 본인에게 해당되는 것만 주의 깊게 읽어보면 됩니다. 결혼과 출산을 제외하면 모두 해당되는 내용입니다.

첫 번째 재무적인 이벤트는 결혼입니다. 결혼과 관련해 우리가 흔히 저지르는 실수는, 결혼자금이 어느 정도 수준이어야 한다는 정보를 믿고 따른다는 것입니다. 당연히 결혼을 할 때 얼마의 비용이 든다는 것은 표준적일 수 없습니다. 그 기준은 기업과 언론의 마케팅에 의해 만들어진 것입니다. 결혼회사나 관련 업체에서 판매를 촉진하기 위해 정해놓은 것입니다. "이 정도는 있어야 한다, 이

정도까지는 해야 한다"라고들 말합니다. 하지만 결혼하는 사람들의 경제적 상황이 다르고 결혼하는 지역과 결혼식의 형태가 다른데 결혼식의 비용을 똑같이 산정할 수 있을까요? 당연히 참고할 필요가 없습니다. 본인들의 경제적인 범위 내에서 결정하면 됩니다. 누구나 다 그렇게 하기 때문에 예식장에서 높은 비용을 들여 결혼하고 신혼여행을 갈 것이 아니라, 본인들의 경제적 상황에 맞게 예식을 간소화하고, 신혼여행을 가지 않을 수도 있습니다. 물론 집을 구매하지 않을 수도 있고, 예식을 생략할 수도 있습니다.

삶의 모습이 다양해지는 세상에서 과도한 결혼식 비용이 필요할까요? 필요 없는 허례허식(형편에 맞지 않게 겉만 번드르하게 꾸밈. 또는 그런 예절이나 법식)입니다. 본인의 경제적 상황에 맞는 수준에서 결정하는 것이 현명합니다. 이미 결혼을 한 사람들에게 물어보세요. 비용의 높고 낮음으로 인해 행복하거나 불행한지 말입니다. 결혼식이나 신혼여행은 서로의 경제적 상황에 맞게 결정하는 것입니다. 성인이 되어 처음으로 선택하는 경제적 의사결정을 주위의 눈치를 보고 결정한다면 그 부담이 신혼생활부터 노후생활까지 지속될 것입니다. 만일 그로 인해 결혼을 하지 않겠다는 배우자라면 심각하게 고민해야 합니다. 결혼식을 준비하는 과정에서 예식장이나 신혼여행지 등의 비용 때문에 불행하다고 생각하는 배우자라면 당연히 헤어져야 합니다.

제가 지금까지 재무 상담한 부부들은 서로의 돈에 관한 가치관 차이를 가장 힘들어했습니다. 결혼 생활의 처음부터 끝까지, 삶의 구석구석까지 돈은 큰 영향을 미칩니다. 이에 대해 결혼 전 교제하는 시점부터 결혼을 준비하는 시기까지 반드시 이해하고 협의해야 합니다.

결혼 후에는 늦을 수도 있습니다. 서로의 생각 차이를 인식하고 협의하기 위한 가장 좋은 방법은 예비부부가 함께 경제 관련 강의를 듣거나 전문가에게 재무 상담을 받아보는 것입니다. 제3자인 전문가를 통해 서로의 가치관 차이를 알게 되어 그 부분에 대해 대화하고 맞춰나갈 수 있습니다. 경제와 금융에 대해 궁금한 부분이나 다른 견해가 있다면 전문가를 통해 차이를 줄여나가는 노력을 할 수 있습니다. 또한 대화를 통해 문제를 해결하는 방식이 향후 결혼생활에도 도움이 될 것입니다. 두 사람이 돈에 관해 직접적으로 이야기하는 것은 여러 가지로 어려움이 있습니다. 오히려 문제를 해결하기보다 문제를 키울 수도 있기에 저는 전문가에게 강의를 듣고 난 후에 직접적인 대면 상담을 하는 것을 추천합니다.

그 다음 재무적인 이벤트는 출산입니다. 부부가 어디서 살 것인지에 관해 의논하고 합의하듯이, 자녀의 수는 어느 정도면 좋을지 함께 의논하고 결정해야 합니다. 부부 중 한 사람이 아이를 좋아하기 때문에 애가 5명은 있어야 된다는 말은 비현실적이고 비합리적인 말입니다. 아이를 좋아하는 것과 아이를 낳아서 행복하게 키우는 것과는 다른 이야기입니다.

아무도 없는 산골에서 세상 사람들과의 교류 없이 입는 것, 먹는 것, 교육 받는 것을 신경 쓰지 않고 살 수 있다면 자녀의 숫자는 문제가 되지 않습니다. 하지만 어느 정도 경제적 수준의 삶을 유지한 상태에서 자녀를 양육하려면 자녀의 숫자는 계획해야 합니다. 양육에 드는 비용을 계산해보셨나요? 돈이 중요하다는 말이 아니라 돈이 고려되어야 한다는 말입니다.

출산부터 양육까지는 가정의 상황에 따라 다르게 지출됩니다. 하지만 평균적인 내용을 살펴보면 참고할 수 있습니다. 2013년 보건복지부 자료를 보면, 자녀 1명을 키워 대학까지 졸업시키는 데 3억 원이 넘는 돈이 필요한 것으로 조사되었습니다.

2013년 4월 10일 보건복지부가 공개한 '2012년도 결혼·출산 동향 조사 및 출산력·가족보건복지 실태조사' 결과에 따르면 각 가정은 자녀 1명의 양육비로 월평균 118만 9천 원을 지출하고 있고, 이 가운데 주거·광열비, 교양·오락비 등 가족 구성원 모두에 해당하는 지출 항목을 빼고 오직 자녀를 위해 쓴 식료품비·의복·교육비 등은 월평균 68만 7천 원 정도로 조사되었습니다. 이 조사 결과를 바탕으로 출생부터 대학 졸업까지 1인당 총 양육비는 3억 896만 4천 원으로 추산되었습니다. 시기별로는 대학교(만 18~21세) 4년간 양육비가 7,708만 8천 원으로 가장 많았고, 다음이 초등학교(7,596만 원) 재학 기간이었습니다.

최근 무상교육으로 공교육비는 줄어들었겠지만 물가와 사교육비가 상승했기 때문에 5년 전의 자료에 나온 금액과 큰 차이는 없을 거라 생각합니다. 실제 고등학교 졸업 때까지는 월 소득 범위 내에서 양육비와 교육비를 지출하지만 고등학교 졸업 이후에는 한꺼번에 큰돈이 들어가기 때문에 미리 준비해야 할 필요가 있습니다. 자녀의 전체 교육비 중에서 대학 교육과 관련된 최신 자료를 한번 살펴보겠습니다. 한국장학재단이 조사한 자료를 〈중앙선데이〉에서 2018년 3월 24일 보도한 내용입니다. 여기서 일부분을 발췌 요약했습니다.

대학 교육에 필요한 총 비용은 입학금을 포함한 등록금과 생활비로 구성되는데, 등록금은 한국 대학생의 4년을 기준으로 하며, 생활비를 부담하는 기간은 입학부터 졸업까지 걸리는 기간을 말한다. 서울 소재 대학의 평균 소요기간인 63개월을 반영했다. 이 기간에 월 평균 교재비, 교통비, 사교육비 외에도 대학생의 주거 형태별로 월세 기숙사비 등이 여기에 들어간다. 이 금액을 더하면 총 비용이 2016년 기준 7,652만 원이다.

2013년 자료와 별반 다르지 않음을 알 수 있습니다. 출산 계획을 세울 때는 이와 같은 내용을 숫자로 명확하게 파악한 후 현실적인 기준에서 준비해야 합니다. 또한 출산은 경제활동기의 여성이 양육에만 전념할 수밖에 없도록 만듭니다. 젊은 나이의 여성이 출산으로 인해 경력단절이 되고 그들이 재취업을 할 때 대부분 비정규직으로 경제활동을 할 수 밖에 없다면 이 요인도 고려되어야 할 것입니다.

세 번째 재무적인 이벤트는 주택 구입입니다. 집은 자신의 경제적 상황과 재산에 맞는지 합리적으로 생각해야 합니다. 집의 규모와 평수, 위치와 인테리어 등의 비용을 구체적으로 상세하게 계획해야 합니다. 가정경제에서 가장 돈이 많이 드는 재화가 집입니다. 구매에서부터 보유와 매도까지 비용과 세금이 감당할 수 없을 정도입니다. 더군다나 대부분의 가정에서는 빚을 통해 집을 구매하기 때문에 대출을 어느 정도 받아서 집을 구매할 것인지, 대출받은 돈을 어떻게 갚아나갈 것인지 꼼꼼하게 계산해보고 결정해야 합니다.

우리나라 국민은 전 세계적으로도 봐도 매우 특이한 경제적 선택을 합니다. 지어지지도 않은 집의 모델하우스 이미지만 보고 의사결정을 하는 것입니다. 몇 천 만 원도 아닌 몇 억 원의 집을 말입니다. 어떻게 이럴 수가 있을까요? 분양받은 집의 가격이 오를 것이라는 확신은 어디에서 오는지 궁금합니다. 앞으로 집은 넘쳐날 것입니다.

서울도 마찬가지입니다. 집이 없어서 가격이 오르는 것이 아니라, 누구나 좋은 곳에 살고 싶은 우리의 욕망이 가격을 올립니다.

하얀 백지에 현재의 재무상황과 주택구입자금을 숫자를 통해 구체적으로 계산해보고 결정해야 합니다. 구매를 결정하기 전에 말입니다. 이렇게 하는 이유는 조금 더 이성적으로 사고할 수 있게 하기 위해서입니다. 그나마 충동적인 마음을 진정시키는 역할을 할 것입니다.

나이가 들어 노년을 맞이한다는 것 또한 중요한 재무적 이벤트입니다. 노년의 삶이 어떠할지 젊었을 때는 체감하지 못합니다. 제가 16년 전, 고객들에게 노후를 위한 저축이나 투자를 권유하면 대부분 이렇게 이야기했습니다. "지금도 살기 어려운데 미래를 어떻게 준비합니까?" 시간이 흘러 4050세대가 된 그들은 지금 이렇게 이야기합니다. "그때 조금이라도 아껴서 노후를 준비할 걸 그랬습니다." 우리는 늘 먹고살기 힘듭니다. 인류가 태어난 이래 어렵지 않은 시절이 있었을까요? 걱정거리가 없고 경제적으로 풍족한 삶은 드라마에나 나옵니다. 인간은 늘 현재 가진 것보다 더 많이 욕망하기 때문입니다. 그래서 인간의 삶은 자신에게 주어진 어려움이나 문제를 해결해가는 과정이라 생각합니다.

삶에서 가장 중요하고 준비되어야 하는 재무적 이벤트가 노년입니다. 노년의 삶에서 중요한 것은 사람들과의 좋은 관계와 넘쳐나는 시간을 행복하게 보낼 수 있는 소소한 일과 그걸 유지하기 위한 건강일 수 있습니다. 하지만 그 모든 것을 가능하게 하는 것이 최소한의 돈입니다. 어떤 삶을 살 것인지는 본인이 결정할 수 있지만 그 삶의 모습이 주변에 기대어서 사는 것은 아니겠죠. 노년의 삶을 구체적으로 계획하는 시간은 40대 이후에 가능합니다. 그 전까지는 자신의 소득에서 적게 지출하고 많이 모으고 건강한 몸을 유지하는 것, 그리고 자신의 직업에서 성실하고 꾸준하게 노력하는 것이 전부입니다.

질병이나 사고에 대한 대비를 하는 것 또한 생애주기에서 중요한 부분입니다. 젊어서는 모아놓은 재산이 없기 때문에 최소한의 보험료를 납부하며 보험 상품으로 대비해야 합니다. 하지만 나이가 들수록 보험 상품으로 위험에 대비하는 것보다 적립금을 따로 모으는 것이 더 좋은 방법일 수 있습니다. 특히 실손보험이 그렇습니다(보험 상품에 대한 내용은 저의 저서 『가장 빨리 돈으로부터 자유로워지는 법』을 참고하시면 됩니다). 과도한 보험 상품의 가입은 다른 재무목표 달성을 방해할 수 있으니 항상 경계해야 합니다.

지인을 통한 보험 가입을 유의하세요. 당장 그들에게 도움이 되는 것 같지만 결국 보험회사만 이익을 취하는 구조입니다. 보험 상품을 선택할 때도 신중하게 결정해야 합니다. 오랜 기간 유지할 수 있을지 고민해야 합니다. 중도에 해지하는 경우가 많은데 대부분 큰 손해를 봅니다. 제가 오랜 시간 상담과 강의를 통해 만난 사람들은 자주 "경제생활을 하며 가장 후회하는 것은 잘 알지 못하는 보험 상품을 주변 지인의 권유로 가입한 것입니다"라고 말하곤 합니다.

자신만의 기준을 만들어야 합니다

...

지금까지 삶을 살아가는 데 있어서 주요 재무 이벤트를 살펴봤습니다. 이것을 미리 그려보고 나의 상황에 맞게 계획해봐야 합니다. '막연하게 살아지겠지'라는 생각은 위험을 초래합니다. 분명한 목표와 실행만이 여러분이 중심을 잡고 경제생활을 할 수 있게 도와줍니다.

삶을 통제하며 살기 위한 기준은 앞에서 살펴본 재무적인 이벤트에 얼마의 돈이 필요한가를 본인의 현재 재무상황과 미래의 소득을 예측해 계획하는 것입니다. 물론 미래의 소득은 쉽게 예측할 수 없기 때문에 최대한 보수적인 기준으로 생각해야 합니다. 결혼 비용은 얼마가 필요하다는 언론 기사나 통계자료는 무의미합니다. 일반적이고 평균적인 기준은 여러분에게 구체적으로 아무 도움도 주지 못합니다.

여러분이 처한 경제적인 상황에서 계획되고 시작해야 합니다. 스스로의 기준으로 시작하지 않으면 경제생활의 첫 단추부터 어긋납니다. 세상은 본인의 기준으로 사는 겁니다. 대부분의 사람들이 본인의 기준으로 살지 못하기 때문에 많은 경제적 문제가 발생합니다. 돈을 통제하지 못하게 되고, 평생 돈을 좇으며 허둥지둥 살게 됩니다.

그럼 어떤 기준이 필요할까요? 몇 년 동안 얼마를 모아야겠다는 추상적인 목표보다 우리 가정의 경제적 상황에서 얼마를 모을 수 있는지를 구체적으로 계산해봐야 합니다. 즉흥적으로 계산하기보다는 지금까지 살아온 과정을 검토해보고 가능한 수준을 결정해야 합니다. 지나치게 절약하며 살기보다는 자신의 삶에서 통제 가능한 수준만큼만 절약하며 소비하면 됩니다. 가정경제가 극단적으로 위험한 상황이 아니라면 말입니다.

틈틈이 외식도 하고 여행도 다니며 자녀교육에 투자도 하는 범위에서 '모을 수 있는 돈'과 '지출해야 하는 돈'을 나누고 결정하면 됩니다. 아끼고 모으는 데만 집착한 나머지 스스로의 현재 모습이 만족스럽지 않으면 삶의 방향을 잃게 되는 경우가 많습니다. 현재의 지나친 고통은 미래에 과도한 보상을 기대하게 합니다. 적절한 조화가 필요한 이유입니다.

삶의 통제는 이렇게 시작해야 합니다

...

삶을 통제한다는 것은 현재 가능한 수준에서 돈을 절약하며 모으고 불리기 위한 첫걸음입니다. 삶을 통제하는 것은 돈을 통제하는 것에서 출발하고, 돈을 통제할 수 있는 방법은 내 삶에서 돈의 흐름을 파악하고 예측하며 계획하는 것입니다. 삶을 통제할 수 없게 만드는 가장 큰 이유는 빨리 부자가 되려고 하는 것입니다.

오랫동안 부자에 대해 연구하고 구체적인 설문조사를 통해 그들의 생각을 파악한 미국의 토마스 스탠리 교수는 『이웃집 백만장자』라는 책에서 이렇게 말합니다. "부는 수입과 반드시 일치하지 않는다. 부는 근면하고, 인내심이 강하며, 계획적이고, 자제력이 있는 생활 습성으로 얻을 수 있다. 이 중에서도 가장 중요한 것이 바로 자제력이다."

살다보면 오랜 시간 동안 돈을 통제하고 절약하며 사는 그 과정이 길게 느껴집니다. 지금처럼 모든 것의 변화가 상상할 수 없이 빠르게 느껴지는 시대에는 더 할 것입니다. '어느 세월에 돈을 모아서 집 사고 애들 교육하고 노후준비를 할까?'라고 생각합니다. *하지만 경제적 자유의 시작은 인내하고 경험하고 실패하는 과정의 반복입니다. 즉 시간이 필요하다는 의미입니다.*

한순간에 부자가 되겠다는 욕망은 우리가 가고자 하는 방향을 잃어버리게 합니다. 무엇을 꿈꾸며 어디로 갈 것인지를 결정하고, 길고 쉽지 않은 길이지만 묵묵하게 흔들리지 않고 가겠다는 의지가 있으면 삶은 통제할 수 있습니다. 그 과정을 견뎌내면 부자가 될 수 있고, 부자가 되지 못하더라도 행복한 경제생활을 할 수 있습니다.

실제 대부분의 사람은 부자가 되지 못합니다. 하지만 행복하게 살아갈 것인지, 헛된 꿈을 좇으며 불행한 시간을 보낼 것인지는 여러분의 선택에 달려 있습니다.

부자가
될 수 있다고
말하는 책들

비단 경제경영서, 자기계발서뿐만 아니라 다양한 장르의 책들에서도
세상의 흐름을 읽고 세상을 깊이 있게 이해할 수 있습니다.

부자에 대해 말하는 책의 유형

...

부자가 될 수 있다고 말하는 모든 책이 나쁘지는 않습니다. 일부
책들은 독자에게 뚜렷한 목표의식과 훌륭한 습관을 갖게 합니다.
여기서 말하는 책들은 자극적인 제목과 내용으로 쉽게 부자가 될
수 있다고 말하는, 즉 시류에 편승한 책들을 말합니다.

부자가 될 수 있다고 말하는 책에는 크게 2가지 유형이 있습니
다. *첫 번째는 저자가 부자는 아니지만 부자의 유형이나 부자의
습관을 연구한 후 누구나 그렇게 될 수 있다고 말하는 책입니다.*
부자는 어떤 사고방식으로 어떻게 돈을 벌었으며 그 돈을 어떻게

관리하고 있다는 내용입니다. 하지만 이런 내용은 대다수에게는 적절하지도 않고, 좇아갈 수도 없습니다. 어떤 사업이나 투자로 돈을 벌었든 그 사업과 투자 대상에 대한 이해와 책을 읽는 독자가 처한 상황이 같지 않은데 어떻게 똑같이 적용할 수 있겠습니까? 성공한 투자모델이나 창업모델은 성공할 만한 사람이 했기 때문에 성공한 것입니다.

가끔 학원가의 학원홍보 플래카드를 보면, '○○○ 학생, 명문대 합격'이라고 쓰여 있습니다. 아마 그 학생은 다른 학원을 다녔어도 명문대에 합격할 확률이 높았을 것입니다. 전체 인원에서 과연 몇 %가 명문대를 갔는지가 중요한 관점이겠죠. 하지만 어느 학원도 그렇게 홍보하지는 않습니다.

부자가 되기 위해 필요한 첫 번째 요소는 고급정보와 본인의 상황에 대한 인식입니다. 정보의 습득은 관계에서 나오며, 관계는 부자와 일반인이 같을 수 없습니다. 인터넷에 흘러 다니는 그렇고 그런 정보가 아니라 돈을 벌 수 있게 해주는 정보가 중요합니다. 이런 정보를 얻을 수 있는 방법은 이런 종류의 정보를 가지고 있는 사람과의 관계를 형성하는 것입니다. 이런 관계에 투자하기 위해 시간과 돈과 노력을 투입하는 것이 오히려 현명한 방법입니다.

만일 같은 정보를 얻었다 하더라도 실행하고 안 하고의 차이도 큽니다. 대한민국 모든 사람이 똑같은 정보를 매일 접하지만 누군가는 거기서 통찰을 얻고, 누군가는 흘려버리고 맙니다. 때로는 알게 된 정보로 자신의 상황에 맞게 실행해서 성공한 사람이 있고, 자신의 상황과는 다른데도 불구하고 굳이 실행해서 실패하는 사람들이 있습니다. 하지만 부자가 될 수 있다고 말하는 책은 성공한 예만 들며 누구나 그렇게 될 수 있다고 말합니다. 누구나 실행만 하면 쉽게 부자가 될 수 있다고 말하지만 이는 책을 판매하기 위한 상술에 불과합니다.

투자나 사업을 실행한 후에도 우리가 알아야 할 중요한 것이 있습니다. 사후에 문제가 생길 때 그 문제를 어떻게 해결해나가는가의 능력입니다. 이러한 능력은 어찌 보면 가장 중요한 것입니다. 그것은 글로 배우는 게 아니라 실제 현장에서 경험을 통해 얻어지기 때문입니다. 실패하고 시행착오를 겪고 그로 인해 문제를 해결하는 능력은 책의 몇 개 문장이나 몇 마디의 말로 얻어지는 것이 아닙니다. 실행을 한 후 실제 경험을 통해 얻어집니다. 책으로 부자가 될 수 있다고 말하는 것은 책을 팔기 위한 좋은 마케팅 방법입니다.

'책을 읽으면 부자가 될 수 있다'는 식의 미련을 버리세요. 우리가 경제생활을 하며 겪게 되는 대부분의 행동이 비합리적이고 비이성적입니다. 부자가 되겠다는 기대와 환상도 그 가운데 하나에 지나지 않습니다. 부자가 흥청망청 소비하는 모습만 보고 그들이 걸어왔을 힘든 길과 긴장된 일상은 염두에 두지 않습니다. 이 2가지를 다 볼 수 있는 균형적인 눈이 필요합니다.

두 번째 유형의 책은 저자가 부자가 되었다고 말하는 경우입니다. 어떤 원인으로 부자가 되었는지 참고가 될 수는 있습니다. 하지만 단지 참고일 뿐입니다. 한번 상상을 해보세요. 여러분이 사업이나 투자로 힘들게 돈을 벌었고 부자가 되었습니다. 그 과정이나 방법을 굳이 많은 사람들에게 소개하고 홍보할 이유가 있을까요? 부자가 되었다고 말하는 저자의 목적은, 책을 통해 자신을 홍보해서 이익을 얻기 위해서일 것입니다. 즉 책의 판매를 통해 더 많은 돈을 벌 수 있거나, 과거에 부자였지만 이제는 부자가 아니기 때문입니다. 우리는 그 책으로 인해 부자가 될 수 있다는 막연한 희망을 꿈꾸거나 그의 홍보에 이용당해 추가적인 이익을 올려주는 대상이 되고 맙니다.

한때, 젊은이들의 가슴에 들불처럼 번졌던 책이 있었습니다. 결국에는 저자가 어떻게 부자가 되었는지 상세하게 나오지 않았지만 말입니다. 기존에 우리가 가지고 있던 상식을 비판하거나 직장인의 삶을 가소롭고 하찮은 것으로 이야기하지만, 그도 부자였다가 파산까지 갔던 인물입니다. 그가 부자가 된 것은 사실 그 책의 판매로 인한 것이었습니다. 책의 집필 과정에서 다단계회사를 미화해달라는 요구가 있었고, 그 내용으로 인해 다단계회사의 단체구매가 이어졌습니다. 책 판매가 기하급수적으로 늘어날 수밖에 없을 것입니다.

과거에 부자였던 저자가 지금은 부자가 아닌 경우, 자신의 경력과 경험을 과장해서 돈을 버는 수단으로 이용하기 위해 책을 씁니다. 여기서 중요한 것은 과장입니다. 실제보다 더 대단하게 보이기 위해 사용하는 이 방법이 많은 사람들을 잘못된 길로 안내할 수 있다는 겁니다. '나는 이런 방법으로 돈을 벌었기 때문에 당신들도 할 수 있다. 누구나 지금 당장 실천하면 부자가 될 수 있다'고 말입니다.

누구나 될 수 있지만 아무나 될 수 없습니다. 누구나 시도할 수 있지만 대부분은 실패하고, 재산을 탕진하고, 실패의 수렁에서 빠져나오지 못할 수도 있습니다. 현실적인 상황이나 확률을 이야기해주고 독자가 현명하게 판단할 수 있는 근거를 제공하는 것이 책의 목적이어야 하는데, 부자라는 환상을 심어주고 정확하지 않은 의사결정으로 유도하는 잘못된 수단이 책이 되었습니다. 특히 일부 경제경영 책들은 인식의 지평을 넓혀주고 새로운 관점을 얻게 되는 통찰의 수단이 아니라 도박을 부추기는 역할을 자처하고 있습니다. 독자들의 현명한 판단이 없다면 이 흐름을 끊을 수 없을 것입니다.

부자가 될 수 있는 길을 안내하는 책도 있습니다

...

물론 세상에는 좋은 책도 많습니다. 부자라는 문구로 유혹하는 책이 아니라, 세상을 바라보는 새로운 생각을 얻을 수 있는 책들이 여러분이 성공적인 경제생활을 할 수 있도록 도와줍니다. 세상의 흐름을 알 수 있는 트렌드에 관한 책이나 새로운 아이템으로 사업에서 성공한 기업가가 주인공인 책들도 있습니다. 경제에 대한 새로운 관점을 제시해주거나 돈에 대한 올바른 가치관을 심어주는 책도 유익한 책입니다. 이런 책은 욕망을 자극하지 않기 때문에 독자들의 주목을 받지 못합니다. *당장 돈이 되는 정보가 없다고 생각할 수 있지만 여러분의 삶에 든든한 토양이 될 수 있습니다.*

어떻게 생각해보면 돈을 더 많이 벌 수 있는 방법은 '자기계발서'에 있지 않습니다. 사람의 마음을 읽는 것이 사업이나 투자에서 중요한 부분이라면, 그것은 소설이라는 장르를 통해 더 자세하고 깊이 있게 배울 수 있습니다.

소설을 읽고 그 소설에 나오는 인물들의 성격이나 가치관을 통해 사람의 마음을 이해할 수 있습니다. 우리는 살아가면서 사회에 있는 다양한 유형의 사람들 모두를 만나보기 힘듭니다. 하지만 소설에 등장하는 인물들을 통해 다양한 사람들을 간접적으로 만날 수 있습니다. 그 경험으로 사람을 만나고 사귀는 과정에서의 어려움이나 그 어려움을 해결하는 방법을 배울 수 있습니다. 그것은 자기계발서에 나오는 몇 마디의 표현으로 얻어지는 것이 아니라 소설에 등장하는 인물을 통해 입체적으로 배우고 경험할 수 있습니다.

경제경영 서적이 아니라 역사나 평전을 통해 세상의 흐름과 인간관계를 배울 수도 있습니다. 우리가 경제를 이해해야 하는 이유는 세상을 보는 눈을 얻기 위함인데, 과거의 역사를 서술한 역사책을 통해 세상을 보다 깊이 있게 이해할 수 있습니다. 역사는 발전하는 것이 아니라 반복되고 순환합니다. 우리는 역사를 통해 세상을 보는 눈을 얻고 현재를 이해해야 합니다. 과거에 사람들이 생활했던 모습과 사람들이 원했던 상품은 현재에도 반복됩니다. 겉의 형태만 바뀌었을 뿐 본질은 다르지 않습니다. 사람들이 무엇을 원하고 어떻게 상품을 교환했는지 역사는 우리에게 통찰력을 키워줍니다. 그런 혜안으로 사업이나 투자에 접목해볼 수 있습니다.

평전은 한 사람의 일대기인데 거기에는 한 인간의 서사가 있습니다. 한 인간이 성장하고 실패하고 상처받는 과정이 있습니다. 인간관계에서 유의해야 할 것과 배워야 할 마음가짐이 있습니다. 사람들과의 관계를 형성해나가는 과정도 담겨있습니다. 이것은 경영학 책에서 요구하는 핵심입니다. 학문적으로 이론적으로 배우는 것이 아니라 한 사람의 일대기를 통해 충분히 실감나게 배울 수 있습니다.

성공하는 사람은 오랜 시간을 투자해 인문학을 탐독하고, 실패하는 사람은 자기계발서를 쉽게 선택하고 대충 읽습니다. 성공하는 사람은 인생을 길게 조망하고, 실패하는 사람은 짧은 시간

에 결과를 얻기 위해 환상을 좇고 조급하게 행동합니다.

여러분은 어디에 해당됩니까? 무엇을 선택할 것인지는 오직 여러분이 결정하는 것입니다. 여러분을 자극하고 유혹하는 말들이 넘쳐나는 책을 가급적 멀리하고, 여러분의 마음을 굳건하게 만들어주고 시야를 넓게 해주는 책을 선택해야 행복한 경제생활을 할 수 있습니다.

부자가 되는 공식을 따르는 순간, 이미 실패한 겁니다

부자는 매체에 의해 움직이는 것이 아니라 매체의 내용을 본인이 만들어냅니다.
매체에서 제공하는 정보를 반대로 해석하는 훈련을 하는 것이 좋습니다.

미디어는 당신에게 무엇입니까?

...

독서를 많이 한다고 해서 모두 지식인이 되는 것은 아닙니다. 독
서는 지식인의 필요조건이지 충분조건은 아닙니다. 사람은 일반
적으로 자신의 관심분야에만 집중하고 자신이 보고 싶은 것만 봅
니다. 독서의 양이 아니라 독서의 질이 중요한 이유입니다.

비유를 하자면, 음식을 먹을 때 편식이 아니라 좋은 음식을 골
고루 먹는 것이 몸에 좋은 것처럼 다양한 시각을 지닌 책을 봐야
훌륭한 식견을 갖출 수 있습니다. 미디어에서 얻을 수 있는 정보
라는 것도 마찬가지입니다. 어떤 정보를 어떤 관점으로 해석할

것인지에 따라 정보가 도움이 되기도 하고, 독이 되기도 합니다. 미디어는 정보를 편식하게 만드는 위험한 방법입니다. 경영과학 자인 장석권 교수는 『데이터를 철학하다』라는 자신의 저서에서 "데이터는 객관적 개체가 아니라 관찰자가 주관적으로 바라보고 싶은 세상의 단면일 가능성이 높다"라고 이야기합니다.

여러분의 소비를 결정하는 기준은 무엇입니까? 특정 시점이 되면 생각나는 음식을 먹고 싶고, 계절이 바뀌면 새로운 디자인의 옷을 살 것인지를 결정하는 것은 여러분 자신이 아닙니다. 여러분을 둘러싸고 있는 미디어 환경입니다. 미디어는 우리말로 '매체'를 뜻합니다. 매체란 어떤 작용을 한쪽에서 다른 쪽으로 전달하는 역할을 한다는 뜻입니다.

흔히들 대중 매체라고 말하는 매스미디어는 불특정 대상에게 전달되는 광범위하고 보편적인 매체를 말합니다. 대표적으로 TV, 신문, 라디오 등이 있습니다. 대중매체의 속성에 대해 자세히 살펴보겠습니다.

TV라는 매체는 여행과 음식, 연예인들의 행복한 생활을 일상적으로 노출합니다. 국내여행에서부터 해외여행까지 구체적인 여행 정보를 제공하고 여행지를 추천합니다. TV에서는 언젠가부터 먹는 것에 대한 이야기를 끊임없이 쏟아냅니다. 시청자들은 이제 여행을 가면 먹는 것을 먼저 떠올립니다. 하다못해 '먹방'이라는 장르까지 생겨났습니다. TV에서는 먹방을 통해 방송 협찬

과 광고 영업을 하기가 쉬워졌습니다. 여행을 가서 먹는 것만 보여주거나 맛집만 찾아다니는 프로그램도 있습니다. 방송에서는 이렇게 먹는 것으로 인해 감정이 순화되고 치유가 되는 것처럼 이야기합니다.

하지만 굳이 먹는 것을 통해 감정을 치유할 필요가 있을까요? 과거처럼 먹을 것이 없어서 굶는 날이 많다면 맛있는 음식을 먹는 것 자체로 감정이 치유될 수도 있겠지만 이제는 너무 많이 먹는 것이 문제가 되는 시대입니다. 건강상의 문제 말입니다.

실제 우리가 TV에서 소개한 곳에 가서 음식을 먹어보면, 방송에서처럼 음식이 맛있거나 여행지가 멋있어 보이지 않는 경우도 많습니다. TV로 인해 우리는 열심히 일해서 번 돈으로 너무 자주 해외여행을 가고, 지나친 외식을 하는지도 모릅니다. 우리가 스스로 여행지와 여행지에서의 음식을 결정하는 것이 아니라 우리가 어디로 여행을 가야 할지, 무엇을 먹어야 할지를 TV라는 매체가 결정합니다. 우리 의지보다는 TV에 의해 결정되는 것입니다.

예를 들어보죠. 초복이 되면 삼계탕을 먹겠다는 생각은 여러분들 스스로 한 것이 아니라 초복 전날부터 방송에서 관련 영상과 내용을 지속적으로 노출했기 때문입니다. 다양한 채널에서 비슷한 내용을 무한 반복하다보니 내 머릿속에 자동 저장이 되는 것입니다. 그로 인해 우리는 복날이 되면 삼계탕을 파는 가게에 줄을 서 있는 스스로를 보게 됩니다.

신문이라는 매체는 깊이 있는 정보를 전달하는 유용한 기능을 합니다. 하지만 아침을 시작하는 시점에 우리가 가장 먼저 접하는 내용은 정치와 경제에 대한 비판적인 의견과 지난 밤 일어났던 사건 사고와 관련된 부정적인 기사입니다. 정보는 그 시점에서는 유용하다고 생각할 수 있습니다. 그렇지만 시간이 흘러 돌아보면 틀리거나 적절하지 않은 내용의 정보가 아주 많습니다.

〈머니투데이〉 2018년 8월 13일자에 '1인당 국민소득 3만 달러 시대의 경제 꼰대들'이란 제목의 칼럼이 실렸습니다. 칼럼 내용을 보면 이 시점에 다양한 언론매체가 얼마나 현실을 오도하는지 잘 알 수 있습니다. 물론 논리적이고 이론적인 배경을 바탕으로 합리적인 것처럼 이야기하면서 말입니다. 칼럼 내용을 한번 살펴보겠습니다.

OECD 회원국들 국민소득 3만 달러 달성 시점의 평균 경제성장률은 2.5%고 실업률이 5.7%이다. 경제 규모가 커지면 개발도상국처럼 5% 이상 경제성장률을 달성하기는 어렵다. 오히려 3만 달러에 도달한 후에는 경제성장률이 내려가는 것이 일반적 현상이다. 올해 IMF가 추정한 OECD 23개국의 평균 경제성장률은 2.5%고 실업률은 6.4% 수준이다. 국내외 기관들은 올해 한국은 경제성장률 2.9~3%, 실업률 3.6% 전후를 예상한다. 이는 OECD 국가들의 3만 달러 달성연도와 비교해도 나쁘지 않은 수치다.

그런데도 각 매체와 경제단체는 국내 경기가 어렵다고 아우성친다. 심지어 엉뚱한 수치를 들이밀거나 일부 자료만 발췌해 통계치를 왜곡하고 경제성장률이 0.1%만 움직여도 큰일이 생긴 양 호들갑을 떨기 일쑤다. 이는 과거에 집착한 상태로 경제 문제를 바라보기 때문에 벌어지는 일이다. 1970~80년대 소규모 경제시대의 10%대 경제성장률을 잊지 못하는 '경제 꼰대'가 여전히 많다.

정보를 객관적인 시각으로 판단할 수 없는 사람이나 지식이 축적되지 않은 사람에게는 매일 쏟아지는 신문의 정보가 잘못된 의사결정을 내리는 데 치명적인 위험 요인입니다. 어떤 관점을 가진 신문이냐에 따라 세상을 바라보는 시선이 반대가 될 수 있습니다. 신문이라는 매체에서 전달하는 정보는 유용하기도 하지만 위험할 수 있습니다. 어떤 관점에 의해 해석되느냐가 핵심적인 내용이겠죠. 여러분들 스스로 정보의 사실 여부를 판단하지 못한다면 중립적인 관점을 가진 신문을 구독하거나 아예 신문을 보지 않는 것도 좋은 방법입니다.

여러분의 아침을 맞이하는 글들이 비판으로 인한 부정적인 내용보다는 긍정적이고 희망적인 내용일 때, 행복한 경제생활을 할 가능성이 높아지지 않을까요? 오히려 신문보다는 하나의 주제를 깊이 있게 분석해서 전달하는 경제잡지를 추천합니다. 〈이코노미스트〉나 〈매경이코노미〉 같은 경제잡지를 말합니다.

라디오라는 매체는 혼자 있는 공간에서 정보에 집중할 수 있지만, 정보를 수동적으로 수용하도록 만듭니다. 장점은 홀로 있는 환경에서 정보를 수용하기 때문에 깊이 있는 정보를 집중해서 얻을 수 있고, 상상력을 자극받을 수 있다는 것입니다. 반면 오락적인 것에 흥미를 가지도록 만들 수 있습니다.

라디오는 대부분 운전을 하거나 집안일을 하면서 듣게 됩니다. 무언가를 하는 것에 대한 반대 급부로 편안함을 기대하는 경우가 많습니다. 운전이나 집안일을 하며 느껴지는 지루함을 달래기 위해서 재미있고 자극적인 소재를 일방적으로 듣는 경우가 많다는 겁니다. 라디오의 경우에 다른 매체보다 정보의 선별이나 정보의 전달자를 더 유의해야 하는 이유입니다.

인터넷(여기서 말하는 인터넷은 주요 포털사이트인 네이버, 다음 등을 의미합니다)은 신문사와 방송을 통한 정보보다 정보의 양도 많고, 정보 제공 목적도 훨씬 더 상업적입니다. 자극적인 정보를 전달하고 광고를 통해 돈을 버는 구조이기 때문입니다. 어떤 내용이 되었든 조회수가 높은 신문 방송의 기사를 인용하거나, 자극적인 일회성 내용이 사이트 전면을 장식합니다. 그로 인한 위험성은 다른 매체와 비슷합니다.

차라리 개인의 블로그를 통해 깊이 있는 지식을 쉽게 얻을 수 있습니다. 대중매체에 잘 알려지지 않은 사람이지만 자신의 길을 묵묵히 가고 있는 전문가의 시선을 느낄 수도 있겠죠. 글을 쓰는 공간이 광고로 도배되어 있는 블로그는 물론 제외시켜야 합니다. 그런 블로그는 정보의 수준도 단편적이고 상업적인 경우가 많습니다.

페이스북, 트위터, 인스타그램 같은 SNS는 검증되지 않은 정보가 순식간에 수많은 사람에게 전달될 수 있습니다. 정보의 진위가 가려지지 않은 채 대중에게 매도되어 억울한 일을 당하는 경우도 많습니다. 당연히 SNS의 선한 기능도 있고, 사회를 연결시키는 역할로 인해 우리 사회가 더 발전한 것도 무시할 수 없는 일입니다. 하지만 우리는 너무 많은 시간을 SNS에 투자하고 있고, SNS에서 보여지는 타인과의 비교 때문에 내 삶을 온전히 살 수 없게 되었습니다.

SNS를 통해 우리는 스스로 정보를 많이 안다고 착각합니다. 그 정보의 진위를 구별할 수도 없으면서 말입니다. 이제는 인터넷과 SNS에 소비하는 시간을 줄여야 할 때입니다. SNS를 보며 보내는 시간을 자제하고, SNS에서 유통되는 글들의 검증을 위해 한 번 더 고민하고 정보를 수용해야 합니다.

〈팟빵〉 또는 〈팟캐스트〉라는 오디오 매체와 〈아프리카〉 〈유튜브〉 등의 동영상 매체가 있습니다. 이들 매체는 주류 방송인은 아니지만 다양한 개인이 자신만의 철학과 노하우를 대중에게 전파합니다. 물론 일부이지만 이들의 수입이 수억 원인 경우도 있습니다. 방송이나 신문보다는 가벼운 주제로 정보를 전달하는 경우도 많습니다.

특히 일부 유튜버(유튜브를 통해 방송을 진행하는 진행자)들은 특정한 주제에 대해 방송사보다 더 영향력 있는 매체가 되어가고 있습니다. 이들 매체는 유용한 정보를 쉬운 언어로 접근 가능하게 하고, 독자가 정보를 원하는 시간에 얻을 수 있다는 장점이 있습니다. 문제는 인터넷이나 SNS와 마찬가지로 정보의 내용이 검증되지 않았다는 것과, 좀 더 쉽고 가벼운 방식으로 정보를 전달하려다보니 자극적으로 방송 진행을 하는 경우가 많아지고 있다는 겁니다.

오디오와 동영상 매체의 전달자는 깊이가 없고 검증되지 않은 정보를 쉽게 반복적으로 전달하고, 수용자는 정보를 쉽게 전달받는 것에만 익숙해져 복잡하고 어려운 지식을 직접 습득하기 어려워합니다. 스스로 정보를 비판적으로 선별할 수 있는 능력을 키우거나 여가를 보내기 위한 수단으로만 사용할 필요가 있습니다.

부자들은 미디어의 뒤에 숨어 있습니다

...

부자는 매체에 의해 움직이지 않고 매체의 내용을 본인이 만들어 냅니다. 매체 뒤에 숨어서 정보를 조작해 사람의 마음이 어디로 갈지를 유도합니다. 그렇게 할 수 있는 것은 돈의 힘입니다. 평범한 개인이 그것을 따라갈 수는 없습니다. 어떤 특정한 시점에 우리의 마음을 움직여 특정 상품으로 구매를 유도하고, 많은 사람들이 그 길을 쫓아가도록 다양한 마케팅 도구를 사용합니다. 그것이 바로 자본주의의 논리입니다.

대기업이 계속해서 매출과 이익을 유지하는 이유는 돈의 힘으로 정보에서 앞서고 있고, 그 정보를 주도적·지속적으로 매체를 통해 대중에게 주입하기 때문입니다. 매체의 뒤에 숨는다는 것은 매체의 작동방식과 매체가 대중에게 어떻게 영향을 줄 수 있는지를 잘 활용하고 있다는 말이기도 합니다.

PPL(Product Placement)이라는 마케팅 방식이 있습니다. TV 드라마나 영화를 통해 자기 회사의 제품을 간접적으로 광고하는 마케팅 전략입니다. 드라마의 주인공이 극의 흐름에 맞지 않게 갑자기 커피를 마신다든지, 운전을 할 때 자동차의 브랜드가 노출되는 방식입니다. 이제는 드라마에서 드러내놓고 기업의 제품을 끼워넣습니다. 심지어 주인공의 대사까지 파고들고 있습니다. 별것 아닐 수 있는 장면의 반복이 결국 대중의 주머니를 열게 합니다.

우리도 부자처럼 행동할 수 있습니다

...

부자들의 사고방식과 행동은 정보를 정반대로 해석한다는 겁니다. 신문이나 방송에서는 한발 늦게 그들의 방식을 이야기합니다. 그래서 신문이나 방송에서 부자들의 행동방식을 이야기하는 순간, 일반인들은 이미 한발 늦은 것입니다. 어떤 부자가 어떤 사업에서 어떤 식으로 돈을 모았다는 정보는 이미 대중에게 보편적으로 공유되고 있다는 말입니다. 정보가 분석되고 대중에게 알려졌다는 것은 그 방법으로 이제 성공할 수 없다는 말이기도 합니다. 우리가 부자처럼 행동하려면 항상 반대의 관점으로 생각하고 행동하는 훈련을 해야 합니다. 그건 신문이나 방송에서 제공하는 정보를 수용하는 시점에 다르게 해석하는 연습을 하는 것입니다.

예를 들어 '경기도 평택에 주한미군이 이전해오고 삼성전자가 공장을 짓기 때문에 아파트 분양이 호황이다'라는 정보를 알게 되었다면, '이제 아파트나 공장의 공급 과잉 시점이 다가오겠구나. 당분간 평택에서 아파트나 공장을 구매하지 않아야겠다'라고 생각하는 겁니다. '미국과 중국의 무역전쟁으로 대한민국 주가가 폭락했다'라는 정보가 노출되었다면 '주식시장을 조금 더 지켜보면 주가가 하락할 것이니 그 시점에 주식을 매수하면 되겠다'라고 반대로 생각해 행동하는 겁니다.

부자가 되기 위해 부자처럼 생각하고 부자처럼 행동해야 한다는 말은, 그들과의 경쟁에서 출발점과 정보의 양과 돈의 힘에서 비교가 되지 않는 일반인에게는 옳지 않은 말입니다. *부자가 되려 하지 말고, 그들을 좇으려 하지 마세요. 단지 매체에서 제공하는 정보를 반대로 해석하는 훈련을 하세요. 그것이 현명한 경제생활을 위한 첫 걸음입니다.*

여러분은 매일 무엇에 집중하세요?

게으를 수는 있지만 긍정적으로 생각해야 합니다.
경제의 흐름을 읽고 독서를 하는 등 사유하길 바랍니다.

게으르게 살아도 되지만 긍정적으로 생각하세요

...

우리의 하루를 구성하는 시간은 반복된 행동에 의해 이루어집니다. 평범한 가정에서는 아침에 눈을 뜨자마자 TV를 켜고 간밤에 일어났던 사건과 사고를 접합니다. 그다지 유쾌하지 않은 일일 것입니다. 굳이 아침을 부정적이고 암울한 내용으로 시작할 필요가 있을까요? 많은 심리전문가들이 아침을 긍정적이고 밝은 마음으로 시작하라고 이야기합니다.

세상은 늘 아우성입니다. 끊임없이 사건이 발생하고, 사고가 일어납니다. 지금 현재만 그런 것은 아닙니다. 작년에도, 재작년에도 그랬습니다. 때로는 세상사에 귀를 닫고 게으르게 사세요. 아침잠을 늘어지게 자기도 하고, 해야 할 일을 다음날로 미루기도 하고, 주위가 어떻게 변해가는지 관심을 가지지도 마세요. *마음의 평화와 스스로의 온전한 삶을 위해 때로는 세상의 소리에 귀를 기울이지 않아도 됩니다.*

그러나 긍정적인 생각은 중요합니다. 내가 살고 있는 사회와 내 주변 사람에 대한 생각이 부정적이고 비판적이라면, 본인이 그런 삶을 살게 될 수도 있습니다. 어떤 사람은 유튜브에서 방송하는 한국 경제에 대한 부정적인 내용의 방송만 봅니다. '현재 정부의 정책이 잘못되었다, 한국의 기업들이 세계에서 경쟁력을 잃어간다.' 등등의 내용입니다. 물론 그런 면이 왜 없겠습니까? 다만 그런 것만 보는 것이 문제입니다.

세상에 대한 부정적인 이야기, 세상이 망할 것 같다는 이야기는 인류가 태어난 이래 계속 반복되는 내용입니다. 그로 인해 내 삶도 부정적이고 어둡게 됩니다. 세상에 대한 비난과 주위 사람에 대한 부정적인 인식이 여러분을 힘들게 할 수도 있습니다. 그래서 우리는 긍정적인 생각을 하려고 노력해야 합니다. 앞으로 경제가 좋아질 것에 대한 기대와 정부와 기업의 긍정적인 면을 봐야 합니다.

물론 일시적으로 어려울 때가 있을 겁니다. 하지만 극복해낼 수 있습니다. 대한민국이라는 나라가 걸어온 길이 그렇습니다. 우리가 우리 경제에 대한 긍정적인 기대를 버린다면 우리는 '실패한 나라의 문제가 있는 경제 상황'에서 우울한 모습으로 살아갈 수밖에 없지 않을까요?

하루를 정신없이 보내다 잠깐의 여유가 생길 때면 살아가는 데별로 중요하지도 않은 정보들을 보는 데 시간을 허비합니다. 패션, 연예, 스포츠, 쇼핑 같은 주제들 말입니다. 우리 삶에서 모르고 지나쳐도 아무 상관없는 내용들입니다. 하루 일과를 마치고저녁이 되면 다시 TV를 켜고 연예인들의 생활 모습이나 가벼운농담을 주고받는 TV 화면을 보며 웃음 짓습니다. 그리고 무사히하루 일을 마감합니다. 잠자리에 들기 전 침대에 누워서는 SNS를들여다봅니다. 페이스북 등을 통해 평범한 이웃의 생각이나 가끔발생하는 특별한 사건들을 보며 공감하고 위로를 받기도 합니다.물론 이렇게 살 수 있습니다. 하지만 이렇게만 살면 안 됩니다.

가끔은 TV에서 방영하는 경제에 관련된 시사 프로그램을 시청하기도 하고, 대형서점에 가서 잘 팔리는 책이 무엇인지 관심을가져야 합니다. 나만의 세계에 갇혀 살 수는 없기 때문입니다. 무엇보다 중요한 것은 사유하는 것입니다. '지금 주식시장이 왜 이렇게 좋지 않은 걸까?' '정부의 정책으로 인해 앞으로 부동산 투자는 어떻게 될까?' 밖으로 드러나는 현상만 볼 것이 아니라 현상속에 숨겨진 본질을 볼 수 있는 연습이 필요합니다. 그것이 바로사유하는 삶입니다.

가끔은 경제 흐름을 이해하고 독서로 사유하세요

...

세계적인 투자자인 워런 버핏은 하루의 상당 시간을 책을 읽는 데 투자하고, 경제 기사를 읽으며 사유한다고 합니다. 일반인들이 생각하기에, 성공하는 투자자는 매일 주식 시세표를 들여다보고 시황에 정신을 집중할 것 같지만 자신만의 철학으로 멀리 보고 투자하기 때문에 오히려 하루하루 시세는 그의 관심 밖입니다.

세계를 지배하면서 진실을 알아내기란 극도로 어렵다. 한마디로 너무 바쁘다. 어떤 주제를 깊이 파고들고 싶다면 그만큼 많은 시간을 들여야 한다. 특히 시간을 낭비할 수 있는 특권이 필요하다. 진심으로 진실을 바란다면 권력의 블랙홀을 피하고, 중심에서 떨어진 주변부에서 이리저리 방황하며 오랜 시간을 허비할 수 있어야 한다. 혁명적인 지식은 권력의 중심부에서 출현하는 경우가 드물다.

유발 하라리의 책 『21세기를 위한 21가지 제언』의 일부를 발췌한 내용입니다. 시간을 낭비할 수 있는 특권을 가지라는 유발 하라리의 말에 100% 공감합니다.

저는 지금까지 이 일을 하면서 서울보다는 지방에서, 중심보다는 변방에서 일을 했습니다. 어떤 기업이나 단체와 함께하기보다는 혼자서 일을 했습니다. 정보의 양이나 속도에서 부족할 수 있지만 부분보다는 전체를 바라볼 수 있는 관점을 얻었고, 숨 가쁘게 움직이지 않아도 되는 여유를 가질 수 있었습니다.

저는 건강한 몸을 만들기 위해 좋은 음식을 먹고 열심히 운동을 합니다. 힘들더라도 이것이 정답이라는 것을 알고는 있습니다. 건강한 마음을 갖기 위해 좋은 책을 읽거나 제가 좋아하는 취미생활도 부지런히 합니다. 가끔 여행을 통해 스스로의 마음을 달래기도 합니다.

하지만 많은 사람들이 돈을 많이 벌기 위해서 무엇을 해야 하는지는 모르는 것 같습니다. **막연하게 부자가 되는 상상만 합니다. 일상에서 무엇을 해야 하고, 어떤 시간을 보내야 하는지 알지 못합니다.** 여러분이 먹는 음식이 여러분의 몸 상태를 결정하고, 여러분이 읽는 책이나 교우관계가 여러분의 마음을 결정합니다. 마찬가지로 여러분이 보내는 시간이 여러분의 경제 수준을 결정합니다.

하루라는 시간동안 오로지 돈만을 생각할 필요는 없습니다. 그렇게 생각한다고 해서 돈을 많이 벌 수 있는 것도 아닙니다. 하지만 가끔씩 여유가 생길 때 우리는 돈에 관한 생각과 경제와 관련된 정보에 관심을 가져야 합니다. 가끔은 보고 싶었던 드라마보다 경제에 관한 식견을 높여주는 프로그램이나 세계경제의 흐름과 관련된 방송을 시청해보세요.

최근에는 앞서 말한 팟캐스트, 유튜브 등의 다양한 매체를 통해 본인이 원하는 시간에, 본인이 원하는 곳에서 얼마든지 쉽게 정보에 접근할 수 있습니다. 다양한 매체의 다양한 장점을 활용하라는 이야기입니다. 치열하게 사는 것이 현명하게 사는 것은 아닙니다. 그것이 항상 좋은 결과로 이어지지도 않습니다. 우리가 사는 목적은 일과 삶의 균형을 잡는 것입니다. ***적절한 일과 적절한 여가가 보장되는 삶. 그리고 약간의 사유.*** 그렇게 살 수 있다면 현명한 경제생활을 할 가능성이 훨씬 더 커질 것입니다.

지나친 절약은 삶의 방향을 잃어버리게 합니다

지나치게 절약하게 되면 우리는 삶의 방향을 잃게 될 수 있습니다.
부자를 꿈꾸기보다는 현명하고 행복한 경제생활을 꿈꾸세요.

삶의 목적이 무엇인가요?

...

대부분의 사람들에게 삶의 목적이 무엇인지 물어보면 행복하게 사는 것이라 말합니다. 그럼 과연 행복이란 무엇일까요? 그 기준은 누가 정한 것일까요? 그 기준을 스스로 정해야 하지 않을까요? 행복의 기준이 없는데 어떻게 행복하게 살 수 있겠습니까?

삶의 목적이 부자인 사람도 있을 것입니다. 부자가 되는 것이 목적이라면 그 과정에서 엄청난 노력과 시간의 투입이 필요하다는 것을 인식해야 합니다.

부자가 된 그 모습만 떠올리지 말고 부자가 되는 과정에서의 어려움과 그 자산을 유지하기 위한 스트레스와 불면의 밤들을 함께 고려해야 합니다. 한 가정의 가장이라면 새벽부터 밤늦게까지 일하고 자녀가 한창 성장할 나이에 자녀와 함께 보낼 수 있는 시간이 없을 수도 있습니다. 매일 매일 문을 열어야 하는 작은 가게의 사장이라면 더운 여름날에 휴가 한 번 제대로 다녀오지 못할 수 있습니다. 그래도 부자가 되고 싶은지 자문해봅시다.

대부분 이런 과정을 생각하기는 싫고, 부자가 된 모습만 상상합니다. 쉽게 돈을 벌고 싶어 합니다. *그런데 쉽게 돈을 벌면 우리 마음속 불안이 사라질까요? 행복한 감정이 일상이 될까요?* 돈을 많이 벌어서 그 돈으로 무엇을 하고 싶으세요? 만약 무엇을 할 것인지 결정했다면 그 목적에 맞는 금액의 수준을 낮추면 되지 않을까요? 1억 원의 돈을 더 벌어 좋은 집에서 살고 싶다면, 2천만 원으로 줄여보면 어떨까요? '더 좋은 집'이란 과연 돈이 많이 들어간 인테리어이거나 편리한 주거환경일까요?

더 좋은 집의 기준이 스스로 정한 것이라면 낮추는 것도 본인이 할 수 있습니다. 더 좋다는 것, 더 행복하다는 것은 집의 가격이나 편리함에 의해 결정되지 않습니다. 그 집을 구성하는 가족의 관계에 의해 결정됩니다. 그들의 감정에 의해 행복이 결정됩니다. 1천만 원을 들여 해외여행을 가는 것이 목표라면, 200만 원으로 목표를 낮춰 국내의 좋은 곳을 둘러볼 수도 있습니다. 여행은 어디를 가느냐보다는 누구와 어떤 마음으로 가느냐가 더 중요하지 않을까요?

삶의 목적을 먼저 결정하고, 그 과정을 생각해봐야 합니다. 조금 덜 벌더라도 자녀와 함께하는 시간을 더 많이 가질 수 있고, 자신이 좋아하는 일을 하며 살 수 있다면 괜찮은 삶일 수 있습니다. 이제는 그런 시대입니다. 남들과 나의 경제적 수준을 비교하거나 멋진 집을 짓는 꿈만 생각하기보다는 소박하지만 확실한 행복을 실행하며 사는 것이 더 낫다고 생각합니다. 부자는 나의 의지로 된다기보다는 노력과 시대와 운에 의해 발생하는 매우 미묘하고 복잡한 결과물입니다.

대부분의 사람들이 부자가 될 수 없다는 진실을 받아들이세요. 부자가 되겠다는 목표를 버리는 순간, 행복하고 현명한 경제생활의 가능성이 비로소 열립니다. 비록 부자가 되지는 않았지만 주어진 일에 최선을 다했고 그 과정이 떳떳하다면 무엇이 문제가 되겠습니까?

지나친 절약 때문에 놓치기 쉬운 것들

...

한때 유명 연예인이 절약을 강조한 프로그램으로 대중의 관심을 받던 때가 있었습니다. 하지만 자신의 소득 대비해 지나치게 절약하는 것은 현명한 경제생활이 아닙니다. 오히려 심리적으로 문제가 있는 상태라는 것을 보여주는 일입니다. 왜냐하면 돈을 절약하기 위한 그 순간에만 집중하다보니 우리 삶에서 돈보다 더 중요한 것들을 놓칠 수 있기 때문입니다. 예를 들어 돈을 절약하기 위해 사람과의 유용한 관계를 포기해야 하거나 자신의 능력을 계발하기 위한 지식의 습득 기회를 놓칠 수 있습니다. 두 항목 모두 돈이 필요하기 때문입니다.

특히 젊은 시절에는 더 그렇습니다. 직장생활을 하며 선배들에게 일을 배우고, 다양한 사람들과 관계를 형성하고, 스스로의 능력을 집중적으로 계발해야 할 시기에 돈을 아낀다는 명분으로 이 모든 것을 포기하는 겁니다. 사람이 한 가지에만 너무 집중할 경우 삶의 균형이 깨어지고 그 한 가지에 과도하게 집착하는 모습을 보입니다. 돈을 벌어 적절하게 사용하고 돈을 통해 내 삶이 행복해지는 것이 아니라 돈만이 나의 목표이자 내 삶의 전부가 되어버리는 것입니다.

누구나 같은 생각을 하고 삽니다. 밥이나 술을 먹을 때 자신의 돈보다 타인의 돈으로 얻어먹으면 기분이 좋습니다. 하지만 상식적인 사람이라면 오늘 친구가 대신 지불한 비용이 언젠가는 자신이 지불해야 할 비용이라는 것도 인식합니다. 상대방 입장에서, 내게 돈이 있다는 것을 아는데도 계속해서 본인만 돈을 쓰게 된다면 더 이상 나를 만나려 하지 않을 것입니다. 이는 누구나 느끼는 공통된 감정입니다.

밥을 먹고 술을 마시고 타인과 교류하는 과정에서 돈은 반드시 필요합니다. 관계를 형성하기 위한 필수적인 일로 그 비용을 누군가는 지불해야 하기 때문입니다. 내가 나의 몫을 아끼려면 누군가는 나의 몫을 대신 지불해야 합니다. 다른 사람이 나의 비용을 지불하는 일이 반복되면 그 사람과의 관계는 결국 지속되기 어렵습니다.

결국 돈을 아끼기 위해 돈보다 더 중요한 가치를 놓치는 결과를 초래합니다. 지나치게 절약하는 삶은 돈이 목적이 되는 삶입니다. 하지만 돈은 수단입니다. 모든 가치의 중심을 돈에 놓기 때문에 부자가 된 후에도 돈을 쓰지 못하거나 소유한 돈의 정도로 사람을 판단하는 사람이 되어버립니다.

왜 돈에 집착하는 걸까요?

...

성장과정에서 누군가에게 돈에 대한 모욕감을 느꼈다면 돈에 집착하게 됩니다. 스스로 돈이 없어서 불행하다고 느꼈던 어린 시절의 경험 때문에 돈에 집착하게 됩니다. 그렇다고 그런 기억을 가진 모든 사람이 그렇게 되지는 않습니다. 성장하면서 돈보다 더 중요한 가치를 찾게 되었거나, 돈으로 받은 상처를 치유할 계기가 있었다면 돈에 집착하지 않을 것입니다. 삶에서 벌어지는 성공과 실패의 시간들을 통해 돈보다 더 중요한 가치를 찾으면 됩니다.

삶의 변곡점에서 주위의 도움이 있으면 돈에 대한 집착에서 벗어날 수 있습니다. 물질에 대한 집착은 마음의 빈곤을 가져옵니다. 반대로 물질은 미천한 것이고 마음만 깨끗하다고 생각한다면 물질의 빈곤을 가져올 수 있습니다. 그래서 우리에게는 균형과 조화가 필요합니다. 물질과 정신, 여러분도 두 갈래의 길에서 균형을 찾으시길 바랍니다.

돈을 지나치게 절약하는 사람들은 먹을 것을 제대로 먹지 않거나 꼭 소비해야 할 상황에서도 소비에 대해 지나친 경계심을 가집니다. 이런 사람들은 심리적으로 문제의 근원을 찾아내어 해결해야 합니다. 지나친 절약을 부추기는 사람들을 관찰해보세요. 무려 100만 명이 가입한 절약 카페가 있고 그것으로 이익을 보는 사람들이 분명히 존재합니다. 아직도 우리 주변에는 이런 삶을 지향하는 모임이 넘쳐나고, 이런 모습이 최선인 양 생각하는 사람들이 있습니다.

하지만 그렇게 힘들게 모은 돈으로 고가의 집에 거주합니다. 이는 결국 물신주의에 지나지 않습니다. 물질에 대한 지나친 집착입니다. 그 돈으로 가족과의 행복한 여행을 계획하거나 스스로의 행복을 위한 취미생활에 투자하세요. 시간은 결코 우리를 기다리지 않습니다. *돈을 지나치게 절약하는 사람들은 현명한 경제생활이 무엇인지 고민해봐야 합니다. 돈에 대해 잘못된 태도를 가지고 있는 겁니다.*

대부분 부자가 되고는 싶은데 그 방법을 모르기 때문에 돈에 집착합니다. 노력해도 소득은 늘지 않으니 가장 쉬운 방법으로 악착같이 돈을 모읍니다. 사행성 도박으로 일확천금을 벌고 싶어도 두려움 때문에 시도하지 못합니다. 현실적인 방법은 현재의 소득으로 아끼고 절약하는 것밖에 없습니다. 부자라는 절체절명의 목표를 위해 현재를 과도하게 희생합니다.

미래를 위해 현재를 포기하는 것은 문제입니다. 지금 행복하지 않고 행복을 느낄 마음의 여유가 없는데 미래에 돈이 많이 모이면 그때는 행복할까요? 과연 행복을 느낄 마음의 여유가 있을까요? 현재를 포기한 사람들은 보상을 받기 위해서라도 결국 돈에 더 집착하게 됩니다.

지나친 절약이 필요할 때는 가정경제 상황이 매우 위험한 시점이거나, 미래의 목표를 위해 일시적으로 검소하게 생활해야 할 짧은 기간입니다. 사업이나 장사를 해서 망했는데 수중에 가진 거라고는 빚 밖에 없다면 아끼고 모으고 절약해야 할 것입니다. 그 시점에서 과소비를 한다면 당연히 문제가 있는 겁니다. 그 시점은 인생의 힘든 시기를 일시적으로 최대한 노력해 극복해야 할 때입니다. 또한 3년 뒤에 사업을 시작하기 위해 사업자금을 모아야 한다면 당분간 어려운 시절을 보내야 할 수 있습니다. 일시적으로 말입니다.

절약으로 인해 우리는 삶의 방향을 잃게 됩니다

...

지나치게 절약하는 삶으로 인해 주변의 인간관계는 불편해질 수 있습니다. 오히려 스스로 상대방을 평가할 때 돈의 많고 적음으로 판단하게 되는 결과가 발생할 수 있습니다. 그것을 인식해야 합니다.

돈은 돌기 때문에 돈이라 불립니다. 자신이 벌어들인 소득에서 일부는 미래를 위해 준비하고, 일부는 위험에 대비하면 됩니다. 그리고 나머지는 소비하는 것입니다. 살아가면서 필요한 시점에 필요한 만큼 쓸 수 있으면 됩니다. 그것이 돈입니다.

모든 사람이 절약만 한다면 결국에는 나라경제도 문제가 발생합니다. 소비를 하지 않으니 상품이 판매되지 않고, 상품이 팔리지 않으니 일자리가 사라지게 됩니다. 악순환의 반복입니다. 경제의 흐름을 막아버리는 일이 발생할 수 있습니다. 그 결과로 나의 직업도 위험해질 수 있습니다.

돈은 돌아야 합니다. 어렵게 모아서 결국 가지려고 하는 것이 고가의 아파트거나 사치품이라면 무슨 의미가 있습니까? 부자를 꿈꾸지 말고 현명하고 행복한 경제생활을 꿈꾸세요. 왜 부자가 되어야 하는지 생각해보고, 부자가 되기 위해 무엇을 희생해야 할지 구체적으로 꼭 생각해보길 바랍니다.

돈을 지나치게 절약하는 사람들은 현명한 경제생활이 무엇인지 고민해봐야 합니다. 돈에 대해 잘못된 태도를 가지고 있는 겁니다. 대부분 부자가 되고는 싶은데 그 방법을 모르기 때문에 돈에 집착합니다.

여러분이
부자가 될
확률은?

부자가 되기 위해서는 기질과 성향이 중요하며, 치열하게 고민하고
결과를 얻기 위해 노력하는 순간들이 모여 미래를 결정합니다.

부자지수에 관한 이야기

...

부자와 관련된 연구로 유명한 토마스 스탠리 교수는 조지아 주립
대학교에 재직할 당시 부자지수라는 개념을 만들었습니다. 지금
은 부자가 아니지만 앞으로 부자가 될 확률을 공식화한 것으로,
내용을 살펴보면 다음과 같습니다.

부자지수 = (순자산액 × 10) ÷ (나이 × 총수입)

여기서 순자산이란 총자산에서 부채를 뺀 순수자산을 의미합

니다. 이 공식으로 계산해서 나온 결과가 부자지수입니다. 만일 지수가 0.5 이하면 부자가 될 확률이 매우 낮다는 뜻이고, 지수가 0.5와 1.0 사이면 부자가 될 수도 있는 나쁘지 않은 상태를 말하며, 1.0에서 2.0 사이면 부자가 될 확률이 높은 상태를 말합니다.

이 공식은 현재 상황에서 미래에 부자가 될 가능성을 순자산과 지출관리와 저축률에 의해 판단하는 것입니다. **부자가 되기 위해서는 많이 버는 것이 중요한 게 아니라, 어린 시절부터 돈 관리를 통해 지출을 줄이고 저축액을 늘려야 한다는 것을 의미합니다.** 즉 소득의 크기가 중요한 게 아니라는 것을 말하는 것입니다.

예를 들어 40세인 사람이 연봉이 4천만 원이고 순자산이 1억 원인 경우와, 연봉이 1억 원이지만 순자산이 1억 원인 경우를 비교해보면 다음과 같은 부자지수가 나옵니다.

$$(1억 원 \times 10) \div (40 \times 4천만 원) = 0.625$$
$$(1억 원 \times 10) \div (40 \times 1억 원) = 0.25$$

일반적으로 생각했을 때는 소득이 높은 사람이 부자가 될 확률이 높을 거라 생각하는데, 부자지수는 반대의 결과인 소득이 낮은 사람이 부자가 될 확률이 높다고 봅니다. 현재 시점에서 돈을 많이 벌지 못하지만 지출관리를 잘해왔다면 충분히 부자를 꿈꿀 수 있다는 이야기입니다. 반대로 현재 소득은 높지만 돈 관리를 잘 하지 못해서 돈을 모으지 못했다면 앞으로도 부자 되기가 힘들다는 말이 됩니다.

이런 측면에서 이 공식은 부자가 되는 방법에 대해 아주 유효합니다. 여러분도 이 공식에 본인의 재무상황을 대입해보세요. 혹시 현재 시점에서 1 이하의 숫자가 나오더라도 결코 당황하지 마세요. 부자가 되지는 못할지라도 앞으로 지출관리를 잘해 행복한 경제생활을 하면 되지 않겠습니까?

부자가 될 확률은 어느 정도일까요?

...

부자가 되기 위해서는 기질과 성향이 무엇보다도 중요하다고 생각합니다. *기질은 기량과 타고난 성질을 말합니다. 기량은 '기술상의 재주'라는 뜻입니다. 성향은 성질에 따른 경향을 의미합니다.* 결국 기술과 성질이 중요하다는 이야기인데, 저는 이 성질이라는 것이 가장 중요하다고 생각합니다.

성질의 뜻은 '사람이 지닌 마음의 본바탕'입니다. 성질이라는 단어가 갖고 있는 부정적인 느낌이 성질의 의미를 잘못 전달하고 있는 것 같습니다. 아니면 우리가 잘못 사용하고 있는지도 모르겠습니다. 어쨌든 인생에서 우리는 어떤 상황을 만났을 때 어떻게 대처할 것인가로 삶의 방향이 달라지는데, 그 기준은 한 사람이 지닌 성질에서 비롯됩니다.

저도 청년시절에 부자를 꿈꿨습니다. 부자에 관련된 다양한 책을 읽었고, 특히 경제신문을 매일 읽고 경제 흐름과 세상을 이해하려 노력했습니다. 경영에 관한 책 또한 자주 읽었습니다. 그것을 통해 미래의 유망 직종이라고 소개된 재무상담사라는 직업을 알게 되었습니다. 미국에서 연봉 상위에 랭크된 직업이라고 소개되기도 했습니다. 우리 언론은 특정 시점에 어떤 주제가 주목받기 시작하면 검증되지 않은 정보를 과장해서 확대 재생산합니다. 그 시절에는 저도 세상을 모를 시기라서 언론과 책을 깊이 신뢰했고, 재무상담사의 길을 가기 위해 전직하게 되었습니다.

그렇게 새로운 일을 시작한 후 한때는 큰돈을 벌기도 했습니다. 아마 계속 그 길을 갔었다면 지금보다 더 큰돈을 벌 수도 있었을 것이고, 지금까지의 과정이 힘들지도 않았을 겁니다. *하지만 제 직업의 전환점이 된 것은 제 기술과 상황이 아니라 제 성질 때문이었습니다.* 어느 순간, 제가 부자가 되기 위한 과정에서 희생해야 할 것들이 눈에 들어왔기 때문입니다. 정의, 가족, 타인의 희생 등이 눈에 들어왔고, 그로 인해 금융회사에서 독립된 재무상담사를 꿈꾸게 됩니다.

그 시간으로 다시 돌아간다 해도 저는 그때의 그 선택을 또 할 겁니다. 왜냐하면 제 성질은 변하지 않았을 테니까요. 저는 부자가 되지 않았지만 지금 현재가 더 행복합니다. 부자가 되기 위해 달려가던 그 과정이 제 몸에 맞지 않는 옷을 입은 것과 같았기 때문입니다. 지금은 늘 위태롭지만 자유롭게 스스로 기획해서 일을 하고, 저를 만나는 수많은 독자와 수강생과 고객이 건강한 가치 관으로 살아갈 수 있도록 사회에 선한 영향을 끼치며 살고 있습 니다.

또한 행복한 가정을 만들었습니다. 제가 하는 일로 인해 누군 가의 희생도 필요하지 않습니다. 세상과 긴밀하게 얽혀 있지도 않습니다. 사람과의 관계를 형성할 때 적당한 수준의 거리에 있 는 것도 좋은 방법인 것 같습니다. 우리는 서로를 너무 자세히 알 려고 하고 깊이 개입하려 하죠. 때로는 약간의 거리가 서로에게 더 행복을 줄 수도 있다고 생각합니다.

하지만 같은 기질과 성향이라 하더라도 모두가 부자가 되지는 않습니다. 전문가라는 사람들이 부자가 되기 위해서는 어떤 습관 이 중요하며 어떤 성격이 필요하다고 하지만 성격을 고치고 습관 을 바꾼다고 해서 모두가 부자가 될 수는 없을 것입니다.

일본인 저자 다구치 도모타카가 쓴 『성격 급한 부자들』이라는 책은 저자가 3천여 명의 부자를 만나본 다음에 정리한 결과물입 니다. 저자는 그들의 습관을 36가지로 정리했는데, 결론은 성격 급한 사람이 부자가 될 확률이 높다는 말입니다. 어떤 주제의 문 제를 풀어가는 해법을 굉장히 단순화시킨 대표적인 자기계발서 유형입니다.

우리가 어떤 유형의 사람이고 어떤 삶을 살 것인지는 환경적인 영향이 큽니다. 성격뿐만 아니라 그를 둘러싼 환경 말입니다. 재레드 다이아몬드 교수는 『총, 균, 쇠』라는 책에서 "민족마다 역사가 다르게 진행되는 것은 각 민족의 생물학적 차이 때문이 아니라 환경적 차이 때문이다"라고 말했습니다.

한 사람의 성격이 급한 것은 그를 둘러싼 환경적인 요인과 함께 평가할 때 중요한 정보가 될 수 있습니다. 단지 성격이 급하기 때문에 부자가 될 확률이 높다는 것은 비합리적입니다. 성격이 급하면 부자가 될 확률만 높은 게 아니라 범죄자가 될 확률도 높습니다. 대부분의 범죄자들은 어떤 상황에서 자신의 성격을 참지 못하고 급하게 행동하기 때문에 범죄자가 됩니다. 부자가 되기 위한 다양한 방법을 생각하고 다양한 유형을 고민하다보니 이런 모순이 발생합니다.

부자가 되려 하지 마세요. 부자가 되려 하기 때문에 많은 경제적 문제가 발생합니다. 부자의 대부분은 자영업자라는 통계를 보고 자영업을 해야겠다고 결심하지만 실제 대부분의 자영업자는 월급생활자보다 소득이 낮습니다. 성공하는 경우는 드뭅니다.

자신의 일에서 치열하게 고민하고 결과를 얻기 위해 다양한 노력을 하는 순간들이 모여 미래를 결정합니다. 어떤 사건이나 결과를 얻게 된 후에 그 결과를 분석하고 원인을 찾는 것은 올바르지 않은 방식입니다.

사람들이 말하는 대부분의 자기계발서나 경제경영 관련 책들이 그렇습니다. 성공 요인 중 하나가 어떤 원인일 뿐이지, 그 원인 때문에 성공한 것이 아닌데도 말입니다. 여러분의 현재 상황에서 무엇을 더 시도해야 할지를 고민하고 대안을 찾으려고 노력하는 것이 훨씬 더 유용한 삶이 아닐까 생각해봅니다.

KB금융지주 경영연구소에서 발간한 〈2018 한국부자보고서〉를 보면 우리가 부자가 될 확률을 정확하게 알 수 있습니다. 여기서 부자의 기준은 여러 가지로 생각해볼 수 있겠지만, 연구소는 세계적인 기준을 참고해 '미화 100만 달러 이상의 투자자산을 보유한 개인'으로 정의합니다. 이 보고서에서도 우리 돈 기준으로 금융자산 10억 원 이상을 보유한 개인을 부자의 기준으로 정했습니다.

우리나라는 2017년 말 기준으로 약 27만 8천 명이 부자인데 이는 전년에 비해 15.2% 증가했으며 2012년 조사를 시작한 이래 매년 약 10%씩 증가하고 있다고 합니다. 27만 8천 명을 2017년 8월 기준, 대한민국 총 인구 5,144만 6천 명으로 나눠보면 부자가 될 확률을 알 수 있는데 정확히 이 비율이 0.54%입니다.

그런데 정말 신기하게도 이 확률은 다음과 거의 유사한 수치임을 알 수 있습니다. 한국교육과정평가원에 의하면, 2018년 대학 입학 기준(2017년도에 대학입학수학능력시험에 응시) 고등학교 재학생과 재수생을 합쳐 대학에 들어가고자 하는 학생이 총 53만 1,327명이고, 서울대학교 입학정원은 2018년 기준 3,538명입니다. 이 비율은

0.66%입니다. 평범한 일반인이 부자가 될 확률과 대학 응시생이 서울대학교를 갈 확률이 거의 유사하다는 아이러니입니다. 누구나 서울대학교를 가고 싶어 하지만 아무나 갈 수 없듯이, 누구나 부자가 되고 싶어 하지만 아무나 될 수 없는 것과 같습니다.

모든 학생이 서울대학교를 갈 수도 없고, 갈 필요도 없습니다. 서울대학교를 가는 것이 고등학교 생활에서의 가장 큰 성취인 것은 맞지만, 사회에서의 성공을 보장하지는 않습니다. 서울대학교에 입학하는 소수의 학생은 공부만 잘할 뿐입니다. 공부 중에서도 암기를 잘하는 것일 수 있고, 공부를 잘 하는 요령을 남들보다 뛰어나게 갖고 있을 뿐입니다. 좋은 대학교에 들어간다 하더라도 좋은 직장을 간다는 보장도 없고, 좋은 직장에 들어가더라도 행복한 삶을 살 수 있다는 보장도 없습니다. 부자가 될 확률을 서울대학교에 들어갈 확률과 비교해보았습니다.

부자가 된다는 것은 돈을 잘 버는 능력이나 기술을 가지고 있다는 것을 의미합니다. 그게 하나의 특정한 원인 때문이든, 사회의 여러 요인들로 인한 운에서 비롯되었든, 돈을 잘 버는 능력만 있을 뿐입니다. 모두 다 그럴 필요는 없습니다. 돈을 벌려고 노력하는 것이 나쁜 일은 아니지만 우리 사회 모두가 돈을 버는 것에만 혈안이 되어 있다면 그건 정상적인 사회가 아닐 것입니다. 오로지 돈을 버는 것만이 삶의 목표인 사람도 있지만 그렇지 않은 사람도 많습니다.

소소한 행복을 추구하면서 자신이 하는 일에 만족하며 사는 사람도 있고, 돈을 적게 벌지만 약간 게으르게 사는 것이 삶의 목적일 수도 있습니다. 어떤 사회든 한 쪽으로 쏠림 현상이 심해지면 결국 문제가 발생합니다. 반대로 아무도 돈을 버는 것에 관심이 없는 사회도 문제입니다. 게으르고 책임을 다하지 않는 사람들이 넘쳐난다면 사회는 올바른 방향으로 가지 않겠죠. 하지만 모든 사람이 돈을 버는 것에만 삶의 의미를 둔다면 원시사회처럼 서로에게 폭력을 행사하는 것과 무엇이 다를까요?

정상적인 사회라면 서울대학교에 가고 싶어하는 학생이 존재해야 하고, 부자가 되려고 욕망을 품는 사람도 있어야 합니다. 그렇다고 해서 그들만이 존재해서도 안 되고, 그들만이 꼭 행복한 것도 아닙니다.

행복하게 경제생활을 할 수 있는 시작은 집입니다

집에 대한 기준을 정하고, 집의 구매에 대한 기준을 바꿀 수 있다면
행복한 경제생활을 할 수 있습니다.

여러분은 집에 대한 기준을 정해야 합니다

...

앞서 대한민국에서 부자라고 말하는 기준과 부자가 될 확률에 대해 살펴봤습니다. 하지만 부자가 되지 않더라도 행복하게 경제생활을 할 수 있는 기준은 필요하지 않을까요? 그런 기준에 대한 원칙이 없다면 늘 시대의 조류에 그저 휩쓸려가는 신세가 될 수 있습니다.

인생의 필수자금 중에서 가장 중요하고 많은 돈이 한꺼번에 필요한 항목은 바로 '거주할 집'입니다. 집에 관한 기준이 정해지면 나머지 인생의 필수자금(본인결혼자금, 자녀양육자금, 노년준비자금)은

자신의 재무상황에 맞게 결정하고 준비하면 됩니다.

집이라는 곳은 또 다른 부자의 기준을 말합니다. '어느 도시에 사느냐, 어느 지역에 사느냐'는 나를 보여주는 상징이자 브랜드입니다. 앞서 보여드렸던 자료에서 쉽게 부자가 될 수 없다는 것을 알 수 있듯이, 우리는 쉽게 주거지를 결정해서도 안 됩니다. 주거로 인한 비용은 만만치 않기 때문입니다. 집의 구매가격과 더불어 품위 유지를 위한 소비를 결정하는 것도 집의 위치입니다. 같은 브랜드를 공유한 주민들과의 커뮤니티 형성을 위해서도 많은 비용이 필요합니다. '강남'에 입성하는 것이 중요한 게 아니라 강남에서 살기 위한 유지 비용이 감당 가능한가가 중요한 이유입니다.

"집에 대한 생각만 바꾸어도 더 여유 있는 노후가 될 수 있다." 세계적인 건축가인 르 코르뷔지에Le Corbusier가 한 말입니다. 그는 노년에 4.5평짜리 집을 짓고 홀로 살았습니다.

국가건축정책위원장이자 동아대학교 석좌교수인 승효상은 자신의 강연에서 "집값은 자기의 존재 값이며, 집을 사고파는 것은 자기 존재를 사고파는 것이기에 터무니없이 비싼 집은 버블이고, 내 존재도 버블이 되는 것입니다. 우리가 나아갈 방향은 자식에게 물려줄 수도 있는 유럽식 임대주택입니다"라고 말했습니다.

또 그는 이렇게 말했습니다. "유럽의 한가운데 있는 오스트리아 비엔나는 9년째 삶의 질이 세계 1위입니다. 그곳 사람들은 67% 임대주택에서 사는데 집이 소유나 임대냐는 크게 중요하지 않습니다. 법적 보호 장치만 잘 마련되면 자기가 머물던 임대주택을 아들, 딸에게 물려줄 수도 있어요. 민간이든 조합이든 다 그래요. 그게 가능한 건 부동산가격이 잘 컨트롤되기 때문입니다. 북유럽도 그렇고 알고 보면 뉴욕, 런던, 파리 등 세계 주요 도시 몇 %만 부동산으로 들끓어요. 몹시 나쁜 예죠."

좋은 집에 살고 싶은 욕망은 누구에게나 있습니다. 하지만 그 욕망의 크기를 줄이거나 집을 소유하는 것에 대한 욕망 자체를 포기하면 삶에서 새로운 도전들을 가능하게 합니다. 집을 구매하기 위해 대출을 받아 살고 있는 일상과 그렇지 않은 일상을 비교해보았나요? 2018년 현재, 집의 크기와 좋은 집에 대한 욕망에 갇혀 그 빚의 무게 때문에 불안을 안고 살아가는 사람이 너무 많습니다.

하지만 모두가 집에 대한 욕망에 갇혀 사는 건 아닙니다. 반대의 경우를 살펴보겠습니다.

5년 간 77개 나라를 여행하고 78번 째 국가로 한국을 방문한 노부부가 있습니다. 미국 출신인 73세의 마이클과 63세의 데비 캠벨 부부입니다. 2013년 은퇴한 뒤 시애틀의 좋은 집과 고급 승용차와 요트를 팔고 에어비앤비 앱을 내려 받아 여행을 시작했습니다. 세계 260여 개 도시를 방문하며 느낀 생각을 책으로 엮어 냈고 인터넷에 여행 사이트를 오픈하기도 했습니다. 2018년 5월 30일에는 서울에 와서 홍대입구역 인근 빌라에 집을 얻었습니다. 그들은 스스로를 세계 시민이라 말합니다. 여행하는 곳은 여행지가 아니라 바로 자신들이 사는 곳이라고 느끼고 생활합니다. 큰돈이 필요하지도 않습니다. 고급호텔에 머무르지 않기 때문에 가능한 일입니다. 고급호텔에 자지 않으니 식비와 여비도 줄어듭니다. 숙소를 정하고 인근 거리에서 사먹거나 집에서 손수 만들어 먹습니다. 지금 가진 것은 가방과 베개와 노트가 전부입니다.

〈중앙선데이〉 2018년 6월 9일 기사 일부 발췌

집을 포기하면 여러분도 이렇게 살 수 있습니다. 몇 년 전만 해도 주거 상황이 열악한 문제가 분명 존재했습니다. 기본적인 공공시설이나 편리함의 차이가 극명하게 드러났고요. 자녀가 있다면 학교의 접근성에 관한 문제도 무시할 수 없는 부분입니다. 하지만 최근 신도시 개발과 주거에 대한 새로운 접근으로 다양한 형태의 주택이 생겨났습니다. 교통의 발달로 접근성의 문제도 많이 완화되었습니다.

정부에서는 임대주택에 대한 다양성을 시도하며 공공임대뿐만 아니라 민간임대주택도 활성화하고 있습니다. 주거에 대한 눈높이를 낮추고 소유에 대한 생각을 전환한다면 얼마든지 현재의 재무상황에서도 행복하게 살 수 있습니다. *지금 우리가 관심을 가져야 할 것은 본인이 보유한 집을 매매할 때의 어려움입니다.* 즉 집을 팔고 싶어도 팔 수 없다는 것을 의미합니다.

2018년 8월 2일 통계청이 발표한 '2017년 인구주택총조사 전수 집계 결과'에서는 2017년 기준 사람이 살지 않는 빈집이 126만 5천 호로 전년 대비 12.9%가 늘어났습니다. 아파트 67만 호, 단독주택 31만 호, 다세대주택 20만 5천 호입니다. 지역별로는 서울 9만 3천 호로 전체의 7.4%, 경기도 15.4%, 경북 10%, 경남 9.5% 순입니다.

일반적으로 생각하기에 지방의 외딴 시골에 빈집이 몰려 있을 거라 착각합니다. 하지만 그렇지 않음을 알 수 있습니다. 또 하나 중요한 사실은 빈집의 30% 정도만 30년 이상 된 노후주택이라는 것입니다. 즉 분양되지 않은 새 아파트 등도 상당하다는 것입니다. 앞으로 이 숫자는 갈수록 계속 늘어날 것입니다. 부동산전문 가라는 사람들은 부동산가격 상승이 공급의 부족 때문이라고 말 하는데 이 숫자가 의미하는 것은 무엇일까요? 또 다른 자료가 있 습니다.

올해 국정감사에서 이규희 의원에 따르면 아파트 3채 이상 보유자 는 2012년 6만 6,587명에서 2016년 11만 5,332명으로 4만 8,745명 (73.2%) 증가했다. 같은 기간 아파트 5채 이상 보유자도 1만 7,350명 에서 2만 4,789명으로 7,439명(42.9%) 늘었다. 정동영 의원에 따르면 개인 상위 1% 14만 명의 주택 보유량은 2007년 1인당 평균 3.2채에 서 2017년 6.7채로 증가했다. 이들이 보유한 주택은 10년 동안 57만 채 증가해 지난해 총 94만 채를 기록했다. 이는 판교신도시의 30배 규모다. 또한 상위 1~10% 다주택자가 주택을 독식하고 있다. 3채 이상 집을 굴리는 임대사업자가 약 9만 명이다.

〈머니투데이〉 2018년 10월 11일 자료 일부 발췌

이들 투기세력에게 휘둘리지 않으려면 자신만의 확고한 가치관이 있어야 합니다. '집은 거주의 공간'이라는 자신만의 확고한 가치관 말입니다. 이것이 바로 살고 싶은 집에 대한 기대치를 낮추고, 자산의 일정 수준까지만 집의 구매비용으로 고려해야 하는 이유입니다.

노년이 되어 부족한 은퇴자금을 보충하기 위해 살고 있는 집을 팔아야 할 수도 있습니다. 그 시점에 집이 팔리지 않으면 어떻게 될까요?

만일 집의 가격이 자산의 80% 수준이라면 어떻게 될까요? 자녀의 결혼자금을 지원하기 위해 일시금이 필요할 때 무슨 돈으로 인출할 수 있을까요?

집을 자산의 50% 수준으로 내릴 때에만 노년의 부족자금에 문제가 발생하지 않으며, 자산의 유동성 문제도 비로소 해결됩니다. 그 외 자산은 금융자산으로 예치해놓아야 하는 것입니다. 본인이 보유하고 있는 자산의 80% 정도를 감가상각되는 집, 팔리지 않을지도 모르는 콘크리트에 굳이 투입할 필요가 있을까요?

집의 구매에 대한 기준을 바꿀 수 있다면

...

집은 투자 대상에서 제외해야 합니다. 앞으로 부동산에 대한 정부의 정책방향과 사람들의 인식 또한 변할 것입니다. 여기서는 전체 부동산을 의미하는 것이 아니라 주거용으로서의 집을 의미합니다. 지금부터 집을 보유할 때 발생하는 비용에 대해 자세히 살펴보겠습니다.

집은 부동산입니다. 부동산의 반대말은 동산인데, 동산은 쉽게 말해 움직이는 재산을 의미하죠. 돈이나 증권처럼 바꾸거나 옮길 수 있는 재산을 말합니다. 부동산은 땅이나 건물과 같이 움직여 옮길 수 없는 재산을 의미합니다.

집은 움직여 옮길 수 없기 때문에 몇 가지 문제가 발생합니다. **첫 번째가 유동성 문제죠.** 처분하고 싶거나 옮기고 싶을 때 그렇게 할 수 없습니다. 가장 핵심적인 단점입니다. 본인이 원하는 시점과 금액으로 팔 수 있는가가 중요합니다. 가정의 경제적 상황의 변동이나 목돈이 필요할 때 처분할 수 있는가의 문제는 향후 주택 공급이 넘쳐나고 인구가 줄어드는 시대에 심각하게 고민해 봐야 할 문제입니다.

두 번째는 집과 관련되어 발생하는 세금과 수수료입니다. 취득세와 등록세, 취득과 매도시의 부동산 수수료와 등기비용, 유지할 때 필요한 재산세와 고가주택의 종합부동산세, 매도할 때 이익이 발생하면 내야 할 양도소득세 등의 세금입니다. 부동산 관련해 내야 하는 세금과 수수료는 만만치 않은 금액이지만 일반적으로 세심하게 고려하지 않습니다. 다주택자의 경우 더 많은 세금을 부담합니다. 부동산 전문 투자자가 아니라면 1주택만 소유하는 것이 합리적인 시대입니다.

세 번째, 주택 관리비용입니다. 기본적으로 집은 시간이 흐를수록 낡습니다. 그로 인해 유지보수 비용과 감가 하락 비용이 발생합니다. 이런 비용의 총합을 면밀하게 계산한 후에 집을 구매해야 합니다.

어제도 오늘도, 그리고 내일도 집에 대한 가격 상승과 부동산 경기에 대한 기사가 주요 언론에 넘쳐납니다. 부동산에 대한 사람들의 관심 또한 끊이지 않을 것입니다. 건설회사의 수익과 건설회사의 광고가 필요한 언론과 부동산의 매매와 관련된 직업을 가진 사람들과 부동산으로 돈을 벌고 싶어 하는 사람들이 너무나도 많은 대한민국입니다.

가장 중요한 것은 여러분의 생각입니다. 집을 소유가 아닌 거주의 개념으로 인식하고, 대한민국의 집 가격이 완만하게 하락할 것을 예상하고, 집을 통해 과도한 시세 차익을 기대하지 않는다면 집을 통해 발생하는 마음의 불안과 과도한 비용이 사라지지 않을까요?

일반적으로 집을 구매할 때 본인이 보유하고 있는 자산 대비

높은 비율의 대출을 얻어서 집을 구매합니다. 집의 가격이 오른다는 확신이 있다면 그렇게 할 수도 있습니다. 하지만 그렇지 않을 경우 기회비용인 시간을 손해 볼 수 있고, 경제생활 중에 발생할 위험에 대비할 수 없다는 한계도 있습니다.

예를 들어 설명해보겠습니다. 3억 원의 집을 1억 원을 대출받아서 구매합니다. 이 대출금을 20년 동안 상환한다고 가정하고, 대출이율은 3.5%라고 가정합니다. *원금을 제외하고 매월 갚아야 하는 이자만 29만 1,660원 정도입니다.* 20년 동안 이 금액의 총합이 7천만 원으로 만만치 않은 금액입니다. 대출원금 1억 원은 그대로 있습니다.

가장 좋은 시나리오는 이 집을 산 후 집값이 오르면 팔고, 본인은 집값이 낮은 곳의 전세로 이사하는 것입니다. 그러다 가격이 낮은 다른 지역의 집을 다시 구매한 후에 똑같은 일을 반복하면 됩니다.

하지만 본인 집의 가격이 오르면 인근 집의 가격도 오르는 경우가 많습니다. 주거의 안정을 외면하고 계속해서 이사를 다닌다는 것도 만만치 않은 일입니다. 이사와 관련된 비용도 계산해야 합니다.

반대의 경우는 집값이 오르지 않거나 오르는 폭이 얼마 되지 않는 것입니다. 이사를 하지 않고 열심히 대출이자를 갚아 7천만 원을 상환하고 20년이 지나는 경우를 생각해보면 집의 가격은 떨어질 것이고, 관리비용과 유지비용 또한 만만치 않은 일입니다. 물론 집을 팔고 싶을 때 정작 팔리지 않을 수도 있습니다.

위와는 반대로 본인의 자산 규모에 맞는 집을 구매해 대출을 받지 않거나 전세 형태로 살아갈 수 있다면 다음과 같은 일이 발생합니다. 앞서 말한 금액으로 대출을 받는 대신 매월 갚아야 하는 대출금 이자 29만 1,660원을 주식시장에 펀드로 투자합니다. 이 금액을 20년 동안 6%의 수익률이 발생한다고 예상할 경우, 투자원금과 수익률을 합하면 약 1억 2,874만 6,436원이 됩니다. 6%의 수익률은 미국 주식시장의 예시일 뿐입니다. 수익률은 6%보다 낮을 수 있으나, 장기투자를 할 경우 실패의 위험은 현저히 낮아집니다.

미국의 S&P500지수에 1950년부터 2017년 기간에 하루 동안 투자한 경우와 1달, 1년, 5년, 10년, 20년 투자한 각각의 경우를 분석해보았을 때 어떤 시점에서든 S&P500지수에 하루를 투자했다면 손해를 볼 확률은 46.7%였습니다. 반면 투자 기간이 길어질수록 손해를 볼 확률은 감소해 20년이 되면 손실 확률은 0%가 되었습니다. 집을 구매하는 경우와 정반대의 결과가 나온다는 이야기입니다.

집을 구매하는 경우에는 오래 되고 팔리지 않을 수도 있는 집이 남게 되고, 갚아야 할 대출원금 1억 원이 그대로 있습니다. 하지만 대출을 받지 않고 집을 구매하거나 전세로 거주했을 경우에는 1억 원 이상의 여유자금이 마련되는 것입니다. 또한 이 돈은 경제생활을 하며 겪게 되는 일시적이고 갑작스런 위험에 대비할 수도 있습니다. 가장의 질병이나 사고로 인한 실직 등의 위험에 대비할 수 있는 것입니다. 어떤 것이 더 현명할까요? 여러분이 선택하시기 바랍니다.

정보를 많이 안다고 재테크에서 성공할 수 없습니다. 금융 지식은 기본만 알면 됩니다. 중요한 것은 실행입니다. 현재 상황에서 실행하는 행동입니다. 절약을 통해 저축의 규모를 키우는 게 첫 번째로 실행해야 할 일입니다. 다양한 재테크 수단에 투자해보는 것이 두 번째로 실행해야 할 일입니다. 그러면 무엇이 중요한지 알게 될 것입니다. 우리 사회는 중독된 채 살아갑니다. 재테크도 마찬가지입니다. 재테크 중독에서 벗어나기 위해서는 자신의 직업에서 경쟁력을 키우고, 소득의 종류를 다변화해야 합니다.

2장

재테크 정보가
중요한 게 아닙니다

금융지식은
기본만 알면
됩니다

금융지식은 기본만 정확하게 알아도 됩니다. 여러분이 접하는 정보를
좀더 중립적인 시선에서 바라본다면 현명한 금융생활을 할 수 있습니다.

금융지식이란 무엇일까요?

...

금융지식이 무엇인지부터 알아야 합니다. 금융투자를 위한 이론
과 용어가 금융지식일까요? 아니면 펀드투자에 대한 이론과 방
법이 금융지식일까요? 금융지식의 의미를 알기 전에 금융의 뜻
을 먼저 알아봅시다. *금융은 나라경제에서 자금의 수요와 공급을
조정하고 관리하는 활동을 말하며, 가정경제에서는 돈을 융통하
는 일을 말합니다.* 즉 2가지 의미가 있는 것입니다. 나라경제에서
의 금융과 가정경제에서 금융의 의미는 약간 다릅니다.

여러분은 경제학자나 금융전문가가 되기 위해 금융지식을 배

우지는 않을 것입니다. 금융회사의 직원이 되기 위해 금융지식을 배우지도 않을 것입니다. 그렇다면 경제학 이론이나 투자 이론을 깊이 배울 필요가 없습니다. 경제는 어떤 시각으로 보느냐가 관건인데 이건 정치와 관련이 깊습니다. 정치적 견해는 개인마다 다르고, 성인이 되었다면 이미 결정되어 있기 마련입니다. 정치적 견해는 쉽게 변하지도 않습니다. 기질, 성향, 성장과정 등등이 모여서 결정되기 때문입니다.

투자에서의 성공은 사람들의 심리와 돈의 흐름에 대한 직관과 돈에 관한 태도의 문제이지 학문과 이론의 깊이에 의해 결정되지 않습니다. **결국 우리에게는 돈의 융통으로서의 금융지식이 필요할 뿐입니다.** 돈을 빌리거나 빌려주는 의미에서의 금융이 우리가 알아야 하는 금융입니다.

노년이 되어서도 투자 방법을 고민하고 구체적인 정보를 습득해야 할까요? 그러면 돈을 많이 벌 수 있을까요? 흔히 기술과 이론을 많이 알면 돈을 많이 벌 수 있는 것처럼 착각하곤 합니다. 하지만 무엇을 위해 어느 정도까지 금융지식을 배워야 할까요?

제가 지금까지 오랜 시간 동안 만난 수강생과 고객들 또는 통계 결과를 보면, 주식 투자를 통해 소위 '대박'을 치는 경우가 많지 않았습니다. 한때 큰 수익이 발생했다고 하더라도 일정 시간이 흐른 후에 결국 잃게 되는 경우가 많았습니다. 돈을 잃거나 버는 과정을 반복하다보면 결국 푼돈을 벌거나 돈을 잃은 채 주식

시장을 떠납니다.

그러면서 한 마디 합니다. "다시는 내가 주식 투자를 하나 봐라." 이건 투자의 문제가 아니라 투자에 대한 명확한 기준과 철학이 없기 때문입니다. 지식의 부족이 문제가 아니라 지식이 너무 많아서 문제인 것입니다.

- 적금과 예금의 차이
- 복리이자와 단리이자의 차이
- 저축과 투자의 차이
- 저축 상품의 종류와 상품별 차이
- 대출의 종류와 대출이자의 결정 방식
- 대출 상환 방식의 차이
- 1금융권인 은행과 2금융권의 차이
- 금융회사와 거래시 알아야 할 내용
- 신용 관리를 위한 활동
- 신용카드에 대한 올바른 태도와 소비 습관을 훈련하는 방법
- 경제활동을 하면서 겪게 되는 위험의 개념
- 위험의 종류별 보험 상품에 대한 이해
- 보험 상품별 차이에 대한 이해
- 노후를 준비하기 위한 연금의 개념
- 연금 종류와 상품별 차이점

- 보이스피싱 등의 각종 금융사기 수법과 예방법
- 부동산을 거래할 때 알아야 할 기본적인 지식

이것이 전부이며, 이 외의 지식은 과도합니다. 중요한 것은 이 지식을 바탕으로 실행하며 경험하는 것입니다. 구체적으로 이 지식이 필요하다면 제가 쓴 책 『가장 빨리 돈으로부터 자유로워지는 법』을 추천합니다. 책이 어렵다면 제가 진행하는 10회차 강좌를 들어보거나 개인별 재무 컨설팅을 받을 것을 권유합니다.

지식보다는 실행을 통한 경험이 더 중요합니다
...

많은 지식을 안다고 해서 투자에서 성공하거나, 우리의 삶이 갑자기 나아질 리는 없지만 앞서 말한 기본 지식 정도는 이해해야만 재테크를 실행할 수 있습니다. *실행을 해야만 실패와 성공의 경험을 하게 되고, 그 경험의 시간으로 인해 좀 더 성공적인 길로 나갈 수 있습니다.*

지식보다 중요한 것은 직접 내 돈으로 실행하는 것입니다. 무엇이든 말입니다. 부동산 투자든 주식 투자든 직접 해보면 그 기분과 몰입감과 두려움, 불안에 대해 알 수 있습니다. 그것이 자신의 성향과 맞는지, 내가 그 두려움을 이겨낼 수 있는지를 직접 겪어봐야 비로소 이해합니다.

장사를 하는 사람의 가장 큰 고통은 장사가 잘 되지 않는 것이 아니라 미래를 예측할 수 없다는 사실입니다. 잘 되면 왜 잘 되는지, 안 되면 왜 안 되는지를 그 시점에서는 정확하게 알 수 없고 항상 사후 분석을 통해 알 수 있을 뿐입니다.

그것도 한 가지 원인 때문이라고 말할 수도 없습니다. 사람 사는 세상에서 벌어지는 일의 명확한 인과관계를 그 누가 100% 확실히 해석할 수 있을까요? 사람 자체를 분석하고 규정할 수 없는데 말입니다. 자영업을 하는 사람의 불안과 고통은 겪어보지 않고 이야기할 수 없습니다. 그 불안을 이겨낼 수 있는 기질이 있는지도 시도해보지 않고는 알 수 없습니다.

금융투자도 마찬가지입니다. 주식 투자를 하고 그 종목의 가격이 매일 변하는 이유와 시점을 모른다는 그 사실이 가장 큰 불안이자 두려움입니다. 스스로가 통제할 수 없는 상황, 이것을 이겨낼 수 있어야 투자에서 성공할 수 있습니다.

금융지식은 기본만 알면 됩니다

...

금융지식은 기본만 아는 것과 더불어 정확하게 아는 것이 중요하다는 것을 잊지 말아야 합니다. 어디서 제공하는 정보인지 객관성을 담보하는지 확인해야 합니다. 다양한 곳에서 금융에 관한 기본지식을 제공합니다. 금융감독원의 금융교육센터(www.fss.

or.kr/edu)는 앞서 말한 금융에 관한 기본적인 개념과 전반적인 이해를 교육하는 곳입니다. 일반 금융회사보다는 객관적이고 공정한 정보를 제공합니다. 한국금융투자자보호재단(www.invedu.or.kr)은 금융투자에 관한 정보를 제공하는 곳입니다. 마찬가지로 객관적이고 공정한 내용으로 금융투자를 쉽게 설명해줍니다.

다양한 곳에서 다양한 이유로 금융과 투자 강의를 진행합니다. 먼저 어떤 목적으로 강의를 주최하는 것인지 살펴볼 필요가 있습니다. 투자자들에게 선의의 목적으로 정보를 제공해 그들이 투자를 통해 수익을 얻을 수 있고, 누군가에게 금융사기를 당하지 않도록 보호해주는 것인지 확인해 봐야 합니다. 입에 달콤한 사탕은 몸에 해로울 확률이 높습니다. 자극적이고 귀에 솔깃한 정보는 여러분의 돈을 노리는 것일 수 있습니다.

정보를 제공하는 곳의 신뢰를 확인한 후에 학습해야 합니다. 여러분이 접하는 정보를 조금 더 중립적인 시선에서 바라볼 수 있으면 여러분은 현명한 금융생활을 할 수 있고, 올바른 투자를 통해 자산의 증가를 경험할 수 있을 것입니다.

뉴스에 나오는
나라경제는
이제 그만 보세요

적절한 시간만 나라경제에 관심을 기울이면 됩니다.
우리 집 가정경제에 보다 더 집중해야 합니다.

여러분의 마음은 온통 대한민국 경제 걱정인가요?

...

바야흐로 예능의 시대입니다. 정치나 경제프로그램도 예능 형식
으로 진행합니다. 무거운 주제를 진지하게 토론하거나 전문가가
일방적으로 설명하는 방식의 매체 환경이 아니라 그 주제가 무엇
이든 쉽고 재미있게 전달해야 하는 시대입니다. 전문적인 용어를
쉽게 풀어서 설명할 수 있는 사람이 TV나 팟캐스트, 유튜브 등의
매체를 이용해 대중에게 쉽게 정보를 전달하고 대중의 사랑과 환
호를 받습니다. 과거보다 좋아진 환경이기에 평범한 대중이 정치
와 경제에 관한 식견이 높아진 것 또한 사실입니다.

한 번씩 재무컨설팅을 신청한 고객이나 제 강의를 듣는 수강생들과 대한민국의 경제에 관해 대화를 하다 보면 하나의 사실을 두고 너무 상반된 시각으로 이야기하는 것을 알 수 있게 됩니다. 어떤 사람은 새로운 정부가 들어서서 나라가 망해간다고 합니다. 다른 사람은 향후 대북정책 효과와 부동산 안정화 정책으로 좀 더 살기 좋은 나라가 될 것이라고 이야기합니다. 그들은 어떻게 그런 반대의 생각을 가지게 되었을까요? 경제생활을 하는 과정에서 돈을 바라보는 태도와 성공적인 경제생활을 했었느냐에 따라서 그럴 수 있습니다.

현재의 경제환경에서 이미 돈을 많이 벌었다면 경제환경이 새롭게 변하는 것이 불리할 수도 있고, 싫을 수도 있습니다. 반면 현재의 상황이 불만족스럽거나 문제가 있다고 느끼는 사람은 변화를 바랍니다. 하지만 보다 더 근원적인 문제는 그들이 다른 관점으로 세상을 바라본다는 것입니다. 다양한 매체를 통해서든, 원래 가지고 있던 가치관 때문이든 말입니다.

우리는 일상적으로 나라경제를 고민하고, 국제정치를 본인의 고민 목록에 포함합니다. 미·중 무역전쟁으로 인해 대한민국 경제가 쓰러질 수도 있다고 걱정합니다. 한국경제의 문제가 무엇인지 다른 생각을 가진 사람들과 설전을 벌이기도 합니다. 하지만 아무것도 달라지지 않습니다. 스스로 해결할 수 있는 영역이 아니기 때문입니다.

세상의 흐름과 변화에 관심을 가지는 것은 매우 중요합니다. 책을 읽고 신문을 보고 때로는 다양한 방법으로 출퇴근 시간 전부를 경제와 관련된 정보 습득에 바칩니다. 그것이 바로 문제입니다. *너무 많이 듣고 보고 접하는 것이 오히려 문제를 객관적으로 바라보는 눈을 잃게 할 수 있습니다. 쉼 없이 접하는 정보가 잘못된 생각을 강화시키는 역할을 합니다.* 아마 대부분의 사람들이 경험해봤을 일이라고 생각합니다. 여러 사람과 식당을 가서 메뉴판을 보면 본인이 좋아하는 음식만 눈에 들어옵니다. 메뉴가 아주 많은데도 말입니다. 서점에 가도, 백화점을 가도 자신이 좋아하고 보고 싶은 것만 눈에 들어옵니다.

우리 집 가정경제에 집중하세요

...

한 나라의 경제는 여러분이 걱정한다고 해결되는 것도 아니고, 관심을 가지지 않는다고 해서 쉽게 망하지도 않습니다. 물론 IMF 위기를 겪은 바 있습니다. 또한 무작정 낙관만 하는 것도 문제입니다. 사람의 몸처럼 어떤 곳이 서서히 안 좋아져서 암이 될 수도 있기 때문입니다. 핵심은, *우리가 예측할 수 없고 해결할 수 없는 나라경제에 집중하고 관심을 갖는 것보다 우리의 가정경제 상황에 관심을 갖고 변화하고 실행하는 것이 더 중요하다는 것입니다.*

실제 영향력을 행사하려면 영향력 있는 사람이 되면 됩니다.

지역에서 지역의 경제 정책과 재정 씀씀이를 감시하고 대안을 찾으려면 지역 정치를 감시하는 데 에너지를 집중할 수도 있습니다. 우리 사회는 다양한 방법으로 지역과 나라의 정책에 관여하고 비판할 수 있습니다. 시민단체 활동도 할 수 있습니다. 그렇지 않다면 나의 경제상황, 우리 집의 경제상황에 좀 더 집중하고 변화를 실천하는 게 어떨까요.

적절한 비상자금을 만들어놓고, 미래의 질병이나 사고에 대비하기 위해 보험에 대해 공부하고, 노후를 준비하기 위해 연금에 지금 당장 가입하고, 돈을 통제할 수 있는 능력을 키워 매달 매년 소비를 통제하면서 살면 됩니다. 나라 경제가 위험에 처하거나 어려운 시기가 온다면 자산의 일부로 실직을 대비하면 되고, 경제가 향후 상승 국면일 것이라고 예측한다면 지금부터 조금씩 펀드에 투자해 상승되는 몫만큼 이익을 함께 누리면 됩니다. 금융 시장으로 돈이 흘러간다면 나라경제에도 좋은 것입니다. 부동산 투기로 가는 것보다 올바른 방향으로 흘러가는 것입니다.

적절한 시간만 나라경제에 관심을 가지세요

...

'과장, 과잉, 편협'이라는 단어가 있습니다. 모든 매체가 그렇지는 않습니다. 하지만 많은 수의 매체가 위의 세 단어를 매일 쏟아냅니다.

경제에 관한 적당한 수준의 관심과 이해를 위해서 〈머니투데이(www.mt.co.kr)〉라는 경제신문을 추천합니다. 오랜 시간 경제와 관련된 일을 하면서 다양한 매체를 통해 정보를 접했지만 대한민국에서 발행되는 경제신문 중에 가장 합리적이고 객관적인 시선으로 현상을 바라보고 쉬운 언어로 해설해주는 매체라 추천합니다. 정보의 깊이나 정보의 양이 일반인들이 보기에 지나치지 않고 적당합니다.

인터넷으로 정보를 접하는 것보다 가급적이면 활자화된 신문을 보세요. 정보의 양이나 집중도 면에서 큰 차이가 있습니다. 제가 오랜 시간 경험한 일입니다.

여러분은 오전 시간에만 나라경제에 집중하세요. 저녁에는 가정경제에 집중하세요. 하지만 매일매일 집중하지는 마세요. 때로는 경제라는 단어도 잊고, 돈이라는 욕망도 내려놓으세요. 매일매일 집중한다고 크게 달라지지도 않습니다. 필요할 때, 필요한 만큼 집중하고 평소에는 내려놓으세요. 사물의 현상에 집중하기보다 본질에 집중한다면 새로운 관점이 열릴 것입니다.

핵심은, 우리가 예측할 수 없고 해결할 수 없는 나라경제에 집중하고 관심을 갖는 것보다 우리의 가정경제 상황에 관심을 갖고 변화하고 실행하는 것이 더 중요하다는 것입니다.

다양한
재테크 수단에
투자해보세요

다양한 재테크 수단을 직접 이용해볼 것을 추천합니다.
투자 원금의 크기를 키우는 데 최대한 집중하세요.

다양한 재테크 수단이 있습니다

...

우리에게는 다양한 투자 수단이 있습니다. 원금이 보장되는 저축 외에도 말입니다. 자본시장이라 일컬어지는 주식시장에 가장 쉽게 참여할 수 있는 주식 직접투자가 있고, 아주 적은 시간과 노력으로도 투자할 수 있는 간접투자 상품인 펀드(ETF 포함)가 있습니다. 최근 몇 년 사이에 화제가 된 암호화폐라는 것도 있고, P2P금융투자라는 것도 있습니다.

투자 대상에 대한 관심이 있다면 관련 정보를 인터넷이 아니라 잘 정리된 책으로 보길 권합니다. 본인이 투자할 대상에 2권 이

상의 책은 읽어야 대상에 대해 충분히 이해할 수 있지 않을까요? 그 지식과 정보를 바탕으로 투자를 실행해야 그것이 무엇인지 정확히 알 수 있습니다.

저는 지금까지 주식 투자에 대한 다양한 자료와 통계를 가지고 주식 직접투자에서 성공하기 어렵다고 이야기해왔습니다. 지금 쓰고 있는 책을 포함해 5권을 집필하는 내내 반복해온 내용입니다. 하지만 그 사이에 결과가 달라질 수 있으니 최근 자료를 한 번 살펴보겠습니다. 삼성자산운용과 한국거래소의 자료에 따르면, 2012~2017년까지 연도별 개인순매수 1위 종목의 수익률 평균은 -29.4%로 같은 기간 동안 KOSPI 수익률인 연평균 5.1%임과 비교할 때 매우 저조합니다. 투자를 한 해만 하는 것이 아니라 몇 년 동안 하는 것임을 고려하면 수년 동안의 평균수익률을 생각하지 않을 수 없습니다.

그럼에도 많은 개인들은 희망을 꿈꾸며 매일 주식 직접투자를 합니다. 그리고 극히 일부는 몇 번의 수익을 내고, 그 일부를 제외한 대다수는 큰 손실을 봅니다. 제가 주식 직접투자를 권유하지 않는 이유입니다. 차라리 본인의 직업을 위해 노력하는 게 효율적입니다. 미래의 직업과 사회와 기술의 변화에 관해 탐색하는 것이 현명한 일입니다. 주식시장에서 종목을 선정하고 그 종목에 대해 공부하는 것보다 현명합니다.

반면에 개인이 간접투자 방식인 펀드투자를 하지 않을 이유는

없습니다. 짧은 기간이 아니라 오랜 기간의 수익률을 보면 투자에서 성공하지 않을 수 없습니다. 괜찮은 펀드를 선택하기 위해 적은 시간을 투입해 공부하고, 수 년 동안 사용하지 않을 돈을 투자한 후 잊고 지내면 됩니다. 오랜 기간 돈을 사용하지 않아도 된다면 성공확률이 높을 것입니다. 노년 준비나 자녀교육자금 마련 등의 장기적인 목적이라면 펀드 투자는 성공합니다.

설령 펀드로 손실이 나더라도 원금 정도는 모아지지 않습니까? 손실과 이익의 차이가 그리 크지도 않습니다. 몇 억 원을 투자하지 않는다면 말입니다. 위험을 감당하지 않고 저축만 할 수도 있으나, 오랜 시간동안 펀드에 투자한다면 수익이 발생할 확률이 높다는 것이 미국뿐만 아니라 우리나라에서도 증명되었습니다.

펀드 투자를 위험하다거나 수익률이 저조하다고 실행하지 않는 분들이 의외로 보험 상품은 쉽게 선택하고 보험료를 꼬박꼬박 납입합니다. 제가 재무 컨설팅이나 강의를 하면서 가장 의아할 수밖에 없는 일입니다. 보장성보험은 첫 회 납입하는 그 시점부터 손실을 봅니다. 다치거나 죽지 않는다면 말입니다. 투자성보험인 변액보험은 사업비가 납입보험료의 7% 이상이 됨에도 불구하고 우리는 너무나도 쉽게 결정합니다. 반면에 펀드는 총 비용이 불과 1.5% 수준인데도 말입니다.

만일 펀드투자를 하지 않는다면 무엇으로 돈을 모아야 할까요? 여러분의 인생에서 직업을 선택하거나 주택 구입을 해야 할 때도 위험을 무릅쓰고 결정합니다. 하지만 그에 비해 적은 돈인 몇백만 원 또는 몇천만 원을 투자하는 것에는 왜 이리 망설일까요? 물론 돈을 잃을 수도 있지만 확률과 경험을 통해 오랜 시간 투자하면 성공할 수 있다는 사실을 이해하시기 바랍니다.

다음은 암호화폐를 살펴봅시다. 암호화폐는 대부분의 일반인에게는 생소하고 낯선 개념입니다. 아무리 전문가의 설명을 듣고 이해하려 해도 이해할 수 없습니다. 블록체인 기술을 기반으로 한 가상화폐의 한 종류라는 정도만 이해가 되는 것입니다. 블록체인의 개념은 정보를 보관하는 방식을 말하는데, 기존에 정보를 한 곳에 저장하고 특정인이 정보를 독점했다면 블록체인 방식은 정보가 모두에게 공유되고 작성되는 것이라 위조하기가 힘들다는 장점이 있습니다. 이 정도까지도 이해하지 못했다면 아예 투자하지 않는 것이 맞습니다.

그렇지만 블록체인 기술이 미래에 가치가 있는 기술이 될 것이라고 판단된다면 적은 금액으로 투자를 실행해봐도 됩니다. 아마 언론에서는 끊임없이 과장된 이야기를 흘릴 겁니다. 투자에 성공한 사례를 들어서 말입니다. 한때 언론에서 비트코인 기사를 도배하던 시절이 있었습니다. 비트코인 시세가 2018년 1월 최고 2,500만 원을 기록하던 때입니다. 그 가격이 2018년 10월 7일 현재 740만 원에 거래됩니다. 암호화폐를 규제하는 정부를 성토하고 정부의 무지를 조롱하던 언론의 목소리도 비트코인 가격이 폭

락하니 조용해졌습니다. 이처럼 언론은 늘 동전의 양면과 같으니 각별히 유의해야 합니다.

P2P금융이라는 것도 등장했습니다. 개인 간의 거래를 의미하는 peer to peer와 금융을 결합한 거죠. 실제 개인과 개인이 돈 거래를 할 수 없으니 중간에 누군가가 중개를 하는데 이 역할을 하는 것이 바로 P2P회사입니다. 법적으로는 대부회사 개념입니다. 일반적으로 우리가 금융회사에서 돈을 빌리기는 해도 누군가에게 돈을 빌려주는 것은 쉽지 않은 일이었는데, P2P금융이 이것을 가능하게 했습니다. 돈을 빌리는 사람 입장에서는 은행보다는 이자율이 높지만, 저축은행 등의 2금융권보다는 이자율이 낮은 것이 P2P금융이기 때문에 유리합니다.

P2P금융을 이용하는 사람들은 시중은행에서 대출이 되지 않는 사람들이다보니 저축은행보다 이자율이 낮다는 것만으로도 이용할 만한 장점이 있습니다. 저축은행 등에서 대출을 받을 수 없는 경우에도 마찬가지입니다. 앞으로 P2P금융은 이런 사람들을 대상으로 대출금을 갚을 수 있는 능력을 면밀히 평가하는 것이 관건이 될 것입니다.

반면 돈을 빌려주는 사람 입장에서는 은행 금리보다 높은 이자율을 받을 수 있고 P2P금융회사가 신용 위험도를 파악해주니 그나마 안전하게 돈을 빌려줄 수 있어 서로에게 좋은 개념입니다. 돈을 빌려주는 사람 입장에서 은행보다 이자율은 높지만 세금이 높고 수수료가 있으니 실제 어느 정도의 수익률이 발생할지는 직접 투자해보거나 관련 회사에 상담해보기를 권유합니다.

물론 P2P금융도 투자라는 것을 명심해야겠죠. 투자는 원금을 잃을 수 있다는 사실도 기억해야 합니다. P2P금융에 대해 너무 깊이 공부해서 정보를 알려고 하지 말고, 일단 직접 실행해보세요. 반드시 적은 금액으로 말입니다. 실제 수수료와 세금을 떼고 내가 얼마를 받게 되는지 확인해보고, 그런 후에 투자금액을 키워나가는 것이 좋을 듯합니다.

많은 공부보다는 직접 실행하는 것이 중요합니다. 직접 실행한 후 수익률의 차이와 투자 과정에서의 어려움을 경험해봐야 투자 대상을 이해할 수 있습니다. 많은 금액을 투자하지 않는다면 위험하지 않습니다. 앞에서 말한 투자 대상들에 각각 10만 원 또는 100만 원 정도를 자신의 재무상황에 맞게 투자해보세요. 투자를 실행했는데도 이해할 수 없고 두려움이 앞선다면 깨끗하게 투자를 그만두면 됩니다.

우리는 가끔 TV 홈쇼핑을 보다가 필요하지도 않는 물건에 몇십만 원을 낭비하기도 합니다. 그런 면에서 생각해본다면 투자해서 100% 손실을 보면 어떻습니까? 금액이 크지 않다면 말입니다. 실행하면 제가 말한 모든 것이 이해되고, 투자를 지속할 수 있을지 중단해야 할지를 스스로 결정할 수 있습니다. 무엇이든 직접 실행해보면 됩니다.

중요한 것은 투자 원금의 크기입니다

...

어떤 투자 대상에 안전한 방법으로 투자해보고 이후 지속적인 투자를 결정하려면 극히 미미한 금액으로 하라고 말씀드렸습니다. 하지만 '정말 이 상품은 무조건 수익이 날 것 같다'라고 느끼면 본인이 갖고 있는 자산의 상당 부분을 투자해야 합니다.

10만 원 투자해 100% 수익이 발생하면 20만 원입니다. 그 돈으로 무엇을 할 수 있을까요? 그 정도 금액은 모으기보다는 소비를 할 확률이 높습니다. 하지만 1억 원이 원금이라면 100% 수익이 발생할 경우 2억 원이 됩니다. 오히려 쉽게 소비할 수 없는 수준입니다.

월급이 400만 원인 직장인 외벌이 가정이 대출상환금이나 교육비, 식비, 생활비 등등을 제외하면 한 달에 저축이나 투자를 할 수 있는 금액이 50만 원 정도도 쉽지 않습니다. 그 돈을 가지고 적립식으로 투자를 해서 얼마의 수익이 나야 인생의 방향이 달라질까요?

그러니 우리는 막연한 기대로 부동산의 급등을 꿈꿉니다. 지금처럼 자본주의사회에서 소비에 길들여진 스스로를 성찰하기보다 계속해서 소비를 하려면 불로소득이 들어와야 하기 때문에 투자를 통한 대박을 꿈꾸게 됩니다.

종자돈이라 말하기도 하고 '시드머니'라고도 불리는 돈, 매월 생활비로 써야 하는 수준의 범위를 벗어나 당장 사용하지 않아도 되는 돈, 미래를 위해 좀 더 길게 보고 운용할 수 있는 돈이 만들어지기 전까지는 투자 또는 저축으로 원금의 크기를 키워야 합니다. 100만 원의 10%보다 1억 원의 1%가 더 크기 때문에 그 전까지는 매월 소득 수준에서 일정 비율을 떼어내어 일정 시간동안 모아가는 방법밖에 없습니다.

지나친 절약을 하지 않는 수준에서 소득이 작고 저축을 할 수 있는 규모가 작은 시점에는, 다양한 상품에 투자하는 것이 아니라 원금의 규모를 키워놓는 게 중요하다는 이야기입니다. 종자돈을 모으게 되는 시점이 오면 그때부터 재테크 공부를 열심히 하거나 정보를 얻을 수 있는 다양한 곳을 찾으면 됩니다. 그때까지는 저축 원금의 크기를 키우는 데만 집중하세요.

당신은
재테크에
중독되지 않았나요?

재테크 중독도 알콜 중독이나 마약 중독과 다르지 않습니다.
이제 재테크 중독에서 빠져나올 준비가 필요합니다.

우리는 중독시대에 살고 있습니다

...

무엇이든 열심히 해야 하는 곳이 대한민국입니다. 어려서부터 공부도 운동도 봉사도 열심히 해야 좋은 대학에 가고, 좋은 대학에 가서는 스펙을 쌓기 위해 무엇이든 열심히 해야 좋은 회사에 들어간다고 말합니다. 그렇게 살아남는 사람들은 이제 재테크마저 열심히 해야 한다고 착각합니다. 언제 다가올지 모를 실직과 불안한 노후를 위해 열심히 돈을 벌어야 하는데 월급으로는 턱도 없습니다. 그래서 재테크를 열심히 공부합니다.

제가 성장하던 80년대와 90년대는 돈을 직접적으로 이야기하기보다는 성공만을 이야기했는데, 이제는 누구나 돈을 많이 벌겠다고 스스럼없이 이야기합니다. 돈을 벌어서 건물을 사야 한다고 말합니다. '조물주 위에 건물주'라는 농담도 있습니다. 그만큼 부자에 대한 이야기를 쉽게 합니다. 그런데 TV에 나오는 성공한 사람들은 대부분 자신의 직업에서 부자가 되었고 그 돈으로 상가나 오피스를 구매한 것입니다. 결코 재테크를 해서 처음의 그 돈을 번 것이 아닙니다.

당연히 부동산 투자를 해서 성공한 사례도 있습니다. 무엇이든 그렇지 않습니까? 사업을 해도 성공하는 사람과 실패하는 사람이 있고, 같은 장소에서 치킨가게를 해도 성공하는 사람이 있고 망하는 사람이 있습니다. **그런데 우리는 착각을 합니다. 재테크를 열심히 하면 모두 돈을 많이 벌 수 있다고 말입니다.**

부동산 투자를 공부하는 사람은 20대 직장인부터 60대 은퇴자까지 다양합니다. 그로 인해 부동산 투자를 공부하는 사람이 아니라 부동산 투자를 강의하는 사람이 돈을 법니다. 투자를 권유하는 소수의 강사에 의해 부동산을 중개하는 공인중개사가 부자가 됩니다.

재테크는 원금 규모가 중요하다고 앞서 말했습니다. 하지만 한 달에 100만 원만 있어도 부동산 투자를 할 수 있다고 꼬드깁니다. 공부를 하지 않으면 뒤처지는 것 같고 손해보는 것 같다는 생각을 합니다. 매일 아침 TV와 신문을 통해 접하는 자극적인 정보는

'서울 지역에 아파트 가격이 몇 억 원 올랐다'는 내용입니다. 더 군다나 본인이 살고 있는 집 주위의 아파트 가격이 오르면 우울 감이 밀려옵니다. 본인만 뒤처지는 느낌이기에 뭔가라도 해야 할 것 같습니다.

바쁜 직장인이라면 시간과 관심의 부족으로 재테크의 대열에 참여하지 못해 박탈감에 빠집니다. 타인의 삶에 관심을 가지는 것은 본인의 삶이 만족스럽지 않아서입니다. 세상의 중심이 내가 아니라 성공한 타인입니다. 나는 성공한 누군가의 상대자일 뿐입니다. 타인의 수익과 손실이 훨씬 더 신경 쓰입니다. 원래는 그렇지 않았는데 말입니다.

저는 물론 이런 생각을 하지 않습니다. 왜 그럴까요? 자문해보니 과거에 돈을 마음껏 벌어보고 써본 시기가 있었기 때문입니다. 돈을 마음껏 써보니 돈만으로 마음을 위로할 수 없다는 경험을 했기 때문입니다. 그 순간에는 위로가 될지언정 그 마음이 오래가지 않습니다. 인간은 늘 더 큰 행복과 더 자극적인 쾌락을 꿈꾸기 마련입니다.

그래서 재테크 책을 볼 것이 아니라 인간을 이해할 수 있는 인문학 책을 먼저 읽어야 합니다. 돈을 공부할 것이 아니라 돈에 관한 올바른 태도를 가져야 합니다. 그래야 돈을 많이 벌든, 돈을 많이 벌지 못하든 행복하게 살 수 있겠죠.

재테크 공부를 많이 한다고 돈을 많이 버는 것이 아닙니다. 돈을 많이 버는 사람과 그렇지 않은 사람의 차이는 돈에 관한 공부를 많이 하고 하지 않고의 차이에서 오지 않습니다. 어떤 관점으로 세상과 사람을 바라보느냐에 따라 결정된다고 앞에서도 몇 차례 말했습니다. 공부를 많이 하면 돈을 많이 벌 수 있다고 생각하는 것 자체가 헛된 꿈입니다.

그렇지만 쉽게 놓을 수 없습니다. 돈이 되는 것을 따라 움직이는 매체는 이곳저곳 돈이 되는 것에만 관심이 있다 보니 그 이야기를 확대·과장해서 쏟아내고 누군가는 그것을 재생산합니다. "누가 아파트로 몇 억 원을 벌었대. 누가 주식 투자를 해서 1억 원을 벌었대." 몇 년 전에는 그 대상이 주식이었고, 2018년 초에는 비트코인이었습니다. 현재는 부동산, 특히 집입니다. 늘 대상이 변할 뿐이지 인간의 탐욕은 변하지 않습니다. 우리가 그것을 인식하지 못할 뿐입니다.

다른 것에 대한 집중이 필요합니다

...

중독 상태에 있는 사람은 스스로를 알지 못합니다. 술에 중독된 사람에게 물어보세요. 본인은 중독이 아니라고 말을 할 겁니다. **중독은 어떤 사상이나 사물에 젖어버려 정상적으로 사물을 판단할 수 없는 상태를 말합니다. 재테크 중독은 그런 것입니다.** 알콜 중독이나 마약 중독과 다르지 않습니다. 지나치게 절약하는 것도 온 마음을 돈에 집중해서 살아가는 재테크 중독입니다. 지나치게 절약하는 자신의 내면을 들여다본다면 그 이유를 알 수 있을 것입니다. 지금 내가 무엇 때문에 이렇게 사는 건지, 언제까지 이렇게 살아야 하는 건지 말입니다.

재테크에 중독된 이유는 자극적인 TV와 인터넷 등의 매체 때문일 수도 있고, SNS를 통해 타인과 밀접하게 연결된 시대 때문일 수도 있습니다. 타인이 무엇을 하고 살아가는지 알지 못하던 시대에는 내 소득 범위 내에서 소비하며 행복하게 살 수 있었습니다. 이제는 SNS로 연결되어 친구가 방문하는 곳이나 그들이 먹는 음식이 내 시야에 들어옵니다. 유명인이 들고 다니는 가방의 브랜드까지 알 수 있습니다.

재테크에 중독된 이유는 내 마음의 허기 때문입니다. 원만하지 않은 부부관계일 수도 있고, 자신의 마음대로 따라주지 않는 자녀 때문일 수도 있고, 본인이 살아온 삶에 대한 실망감 때문일 수도 있습니다. **재테크에 중독된 또 다른 이유는, 살아오면서 겪게 된 돈에 관한 트라우마 때문일 수도 있습니다.** 돈으로 인해 타인에게 상처를 받은 경험 말입니다.

하지만 왜 하필 재테크에 중독된 것일까요? 그건 우리 주위에 돈을 이야기하는 곳과 사람들이 많아졌기 때문입니다. 소비하기 편리한 세상에 살고 있기 때문입니다. 여러 가지 이유로 허기진 마음을 풀기 위해 무언가에 집중하고픈 마음이 생겼는데, 마침 눈에 띈 것이 돈인 것입니다. 아파트에 붙여지는 전단지에서부터 TV에 나오는 연예인들까지 모두 돈을 이야기합니다. 그래서 우리는 모두 재테크에 중독되었습니다.

집 주위에 새로운 아파트가 분양을 하면 누구나 한 번 방문해 봅니다. 상가투자가 좋다고 이야기하면 투자에 관한 정보를 찾고 공부를 합니다. 암호화폐가 좋은 투자 대상이라고 하면 또 그것에 대한 정보를 찾고 공부를 합니다. 살아갈 날이 얼마나 많다고 생각하는지, 평범한 70대 어르신이 부동산 경매를 배우러 다닙니다. 임종 직전까지 삶의 소중한 시간을 돈을 버는 것에만 관심을 가지고 집중합니다.

재테크 중독에서 벗어나기 위해서는 관심을 다른 데로 돌려야 합니다. 돈을 버는 것과 돈을 불리는 것이 아니라 세상의 흐름과 사람들의 마음과 나의 행복으로 관심사를 바꿔야 합니다. 세상의 흐름이 어떻게 변해가는지, 최근에 사람들의 마음은 어떤 것에 관심이 있는지, 나의 행복을 위해서 나는 지금 무엇을 해야 하는지 등에 관심을 더 가지고 집중한다면 재테크 중독에서 벗어날 수 있습니다.

결국 우리 모두는 좀 더 나은 사람이 되기 위해 나이가 들어가고 경험을 하는 것입니다. 생물학적인 나이가 드는 것이 중요한 게 아니라 어른이 되어가는 것이 중요함을 깨달아야 합니다. 좀 더 본인을 이해하고, 타인과의 관계에 여유로워지고, 공동체와 사회에 기여하는 마음을 가지는 것이 재테크 중독에서 빠져 나오는 길입니다. 재테크에 시간과 노력을 기울인다고 해서 결코 성공할 수 없음을 깨달아야 합니다. 여러분은 이제 재테크 중독에서 빠져나올 준비가 되셨나요?

중독은 어떤 사상이나 사물에 젖어 버려 정상적으로 사물을 판단할 수 없는 상태를 말합니다. 재테크 중독은 그런 것입니다. 알콜 중독이나 마약 중독과 다르지 않습니다.

소득의 종류를 다변화하세요

한 업종에서 3년을 버티기 힘든 시대가 도래하고 말았습니다.
이제 자신의 자본에서 소득의 종류를 다변화하는 것이 정답입니다.

소득의 종류를 다변화하는 것이 정답입니다

...

고령화 시대를 맞아 오랫동안 일을 해야 한다는 사실은 이제 누구나 알고 있습니다. 그런데 어떤 일을 해야 할지는 모릅니다. 저도 앞으로 어떤 직종이 유망하고 저 스스로 훗날 어떤 일을 하게 될지 솔직히 잘 모릅니다. 시대가 급변하는 것도 있지만 직업과 일이라는 것이 점점 세분화되고 있고, 그 일을 누가 하느냐에 따라 결과가 달라질 수 있기 때문입니다.

중요한 점은 미래를 모르기 때문에 다양한 일을 경험해보고 시도해봐야 한다는 겁니다. 같은 일도 다른 방법으로 시도해보고,

다양한 수단을 활용해야 합니다. 어떤 방법으로 하는 것이 좋은 지는 직접 해보지 않고서는 모릅니다.

한 가지의 소득으로 오랜 시간을 살기에는 경우의 수가 너무 많습니다. 이것은 매우 위험한 일입니다. 소득이 발생하는 일 자체가 없어질 수도 있고, 스스로가 그 일에 적응하지 못할 나이가 되어 직장이나 직업에서 밀려날 수도 있습니다. 그래서 젊어서부터 소득을 다변화해야 합니다. 근로소득뿐만 아니라 기타소득의 종류인 강의료, 인세 등과 사업소득, 이자배당 소득, 부동산임대 소득, 연금소득이 있겠죠.

대부분의 사람들은 자신이 그간 해오던 일의 범위에서만 세상을 보고 이해합니다. 예를 들어 직장인으로 오랜 시간 살아온 사람은 근로소득이 전부인 줄 압니다. 근로소득이 중단되면 세상이 끝나는 줄 알지만, 세상에 할 일은 너무나도 많습니다. 단지 자신이 못한다고 지레 생각해서 못하는 것일 뿐입니다. 장사를 오랫동안 해온 사람은 장사를 통한 소득만 생각합니다. 그는 장사를 통해 인지도를 높이고, 책을 쓰고, 강연을 다닐 수도 있다는 생각을 쉽게 하지 못합니다.

물론 최근에는 다양한 직종의 사람들이 다양한 방식으로 자신을 홍보합니다. TV에도 나오고, 팟캐스트나 유튜브로도 자신의 브랜드를 알리고 있습니다. 그것이 선순환되어 다양한 소득원이 창출될 수도 있는 것입니다.

이제는 누구나 그렇게 할 수 있어야 합니다. 하나의 소득에서 다른 소득으로 넘어가는 과정이 힘들고 어려울 수 있겠지만, 그 고비를 잘 넘기면 새로운 기회를 얻을 수도 있습니다.

미스터리쇼핑 전문기업 FRMS의 민유식 대표(54세)는 원래 여의도에서 참치집을 경영하던 자영업자였다. 2000년대 중반 주 5일제가 시행되며 상권이 침체되고 일본에서 미스터리쇼핑 조사 용역업이 붐을 이루자 새로운 창업을 결심했다. 현재는 FRMS에서 미스터리쇼핑 컨설팅과 1인출판, 경희대 겸임교수, 창업 전문강사 등의 일을 병행하고 있다. 민 대표는 "수입의 90%가 FRMS에서 나오는 만큼 시간도 그만큼 쏟는다. 1인 출판과 겸임교수의 경우 수입으로 치면 30%가 채 안 된다. 다만 비즈니스 네트워크를 구축하고 나만의 전문성과 콘텐츠를 알리기 위해 시작했다. 여러 일을 하지만 모두 미스터리쇼핑이란 킬러 콘텐츠와 연관된 업무여서 시너지가 발생하고 있다"고 밝혔다.

〈매경이코노미〉 제1961호 기사 중 일부 인용

이런 시대가 되었습니다. 하나의 직업에서 다른 직업으로, 그 직업에서 다른 일로 연계해서 직업의 범위와 직종의 범위를 뛰어넘는 일이 이제는 비일비재해졌습니다. 우리는 그 환경에 익숙해져야 합니다.

경제적 자유는 과연 무엇일까요?

...

소득의 다변화와 관련된 이 글을 쓰면서 경제적 자유를 생각해봅니다. 누구나 꿈꾸는 경제적 자유, 일을 하지 않아도 끝없이 돈이 들어오고 자유롭게 사는 삶, 아쉽게도 그런 것은 없습니다. 현재 시점의 부동산 광풍의 핵심도 그런 것입니다. 나이 들어서 일을 하지 않아도 부동산 임대소득으로만 편하게 살고 싶다는 그 생각이 잘못되었다는 게 아니라 그게 쉽지 않다는 것입니다.

구체적인 사례를 살펴봅시다. 젊어서부터 모아온 자금 5억 원을 4층의 작은 상가 하나에 쏟아 부었습니다. 4층에는 자녀가 살고, 아래층에는 부부가 거주합니다. 1층과 2층에는 상가를 임대해 월세로 연금처럼 받고 편안하게 살았습니다.

몇 년의 시간이 흘렀습니다. 1층 옷 가게 세입자는 장사가 되지 않는다고 몇 개월째 월세를 납부하지 않습니다. 보증금에서 제하라고 말하면서요. 2층 상가는 몇 달째 비워져 있습니다. 보습학원으로 사용했던 곳인데 폐업하고 나서 설비를 철거하지 않았습니다. 부서진 창문으로 비가 새어들어와 건물 관리가 힘든 상황입니다. 수리해서 임대를 놓으려고 했더니 비용이 만만치 않습니다. 게다가 동네 상권 자체가 전체적으로 힘든 상황이라 비용을 더 투입해야 할지 고민이 커지고 있습니다.

부동산 임대소득으로 아름다운 노년을 꿈꾸려면 대부분의 중산층 서민은 전 재산을 투입해야 합니다. 나이가 들어 소득의 다변화와 더불어 재산의 적절한 배분이 필요한 시점에 자신이 가진 재산의 대부분을 감가상각되는 건물에 투자하는 건 고민해야 할 일입니다.

물론 잘 될 때도 있을 것입니다. 매달 꼬박꼬박 밀리지 않는 월세를 받으면서 취미생활을 즐기는 노년의 삶도 가능합니다. 문제는 '소매종말의 시대에 어떤 업종이 지속적으로 10년 이상 호황을 유지할 수 있을까'입니다.

한 업종으로 3년을 버티기도 힘든 시대입니다. 1인 가구가 증가하고, 최저임금의 상승으로 외식문화가 줄어들고, 인터넷으로 거의 모든 것을 소비하는 시대입니다. 로드샵(거리나 유동 인구가 많은 지하철역, 학교 주변 등에 소규모로 연 가게)의 종말은 예고된 일입니다. 이런 경향은 앞으로 더욱 더 심화될 것입니다.

대한민국 곳곳에 수많은 상가가 있습니다. 좋은 위치를 점유하고 있는 상가는 당연히 가격이 비쌉니다. 당연히 이런 상가는 부자가 소유하거나 기업이 소유하고 있습니다. 대부분의 개인이 소유하고 있는 소형 상가건물이나 오피스는 상대적으로 저렴합니다. 끊임없이 변화하는 시대에 정보력과 자금력에서 개인은 기업과 부자에게 경쟁이 되지 않습니다.

그게 만일 한 개인의 전 재산이라면 무모한 투자입니다. 보유하고 있는 재산을 적절한 수준으로 배분해서 일부는 거주하는 집에 투입하고, 일부는 금융자산에 예치하고 나머지는 소비하며 살아야 합니다. 부동산에 전 재산을 투자하지 마세요. 만일 전 재산이 10억 원이라면 거주하는 집과 함께 5억 원 이내로 부동산에 배분하는 것이 합리적인 의사결정입니다.

자신의 자본에서 소득을 다변화하세요

...

저출산 고령화로 달라질 일본의 미래를 그린 가와이 마사시의 『미래연표』라는 책에서는 미래 노동력의 부족으로 돈이 있어도 소비할 수 없는 시대가 올 것이라고 이야기합니다. 경제활동인구가 줄어들고 고령자가 넘쳐나기 때문입니다. 지방은 점차 소멸될 것이며, 젊은 층이 떠난 마을에는 근처에 소비할 수 있는 가게가 없어 간단한 식재료는 스스로 자급자족을 해야 하거나 미용실이 없어 몇 개월에 한 번 인근 도시에 가서 머리손질을 해야 합니다. 가와이 교수는 "돈이 썩는 사회다. 돈만 있다면 무엇이든 가능한 사회가 종언을 고하는 것"이라고 주장합니다.

극단적으로 들리겠지만 인구통계를 보면 가능한 미래라는 것을 알 수 있습니다. 불과 5년 정도가 지난 2024년이 되면 일본의 65세 이상 고령자는 3,677만 명으로 국민 3명 중 1명이 노인인 시대가 옵니다. 인구변동 면에서 우리나라가 일본을 15년에서 20년 정도 뒤따른다는 조영태 서울대학교 교수의 조언을 참고하면, 지금으로부터 20년 후인 2038년쯤이면 우리나라에서도 비슷한 현상이 발생할 것입니다.

돈을 많이 가지고 있는 것이 중요한 게 아니라, 건강하게 보낼 수 있는 몸과 마음이 중요합니다. 그건 젊어서부터 훈련되지 않으면 힘든 일입니다. 또한 나이가 들어서도 일을 할 수 있어야 합니다. 노후에 갖게 될 수많은 시간을 행복하게 보내기 위해서라도 반드시 '일'이 필요합니다.

자신의 일을 다양한 소득으로 만들 수 있는 방법을 생각해봐야 합니다. 지금 스스로가 가지고 있는 능력과 기술과 경험이 여러분 고유의 자본입니다. 이것을 근거로 근로를 할 수도 있고, 사업을 할 수도 있고, 강의를 할 수도 있으며, 책을 낼 수도 있습니다. 어떤 일이든 말입니다.

그 상상력의 벽을 깨야 합니다. 경계를 허물 수 있으려면 세상의 흐름과 변화에 관심을 기울이고, 독서를 통해 깊이 있는 정보를 받아들여야 합니다. 어디서 어떤 근거로 생산되었는지도 모를 떠돌아다니는 정보 대신에 검증되고 사실에 기반을 둔 정보를 찾아야 하고, 상상력과 창의력을 키워줄 수 있는 다양한 책을 접해야 합니다.

더불어 일상에서 느낄 수 없는 감각을 깨우기 위해 여행을 자주 다녀야 합니다. 생각의 틀을 깨는 훈련을 하는 것입니다. 사람들은 여행이라고 하면 여러 명이서 함께 유명한 장소나 풍경을 보며 사진을 찍고 그 지역의 음식을 먹는 것으로 흔히 생각합니다. 물론 그런 여행이 휴식이 될 수 있고, 마음을 치유할 수 있는 좋은 방법이라 생각합니다. 하지만 이런 형식의 여행은 관광이라는 말이 어울리죠.

관광은 돈만 있으면 할 수 있습니다. 관광이 잘못되었다는 게 아니라 여행과는 다르다는 것이죠. *관광은 다른 지방이나 다른 나라에 가서 그곳의 풍경, 풍습, 문물 따위를 구경하는 것입니다. 반면 여행은 일이나 유람을 목적으로 다른 고장이나 외국에 가는 일을 의미합니다.* 다른 곳을 구경하는 것과 발을 떼서 가는 것의 차이입니다.

저는 조금 다른 제안을 하고 싶습니다. 제가 생각하는 여행은 어디를 가는 것이 중요하지 않습니다. 굳이 해외일 필요도 없습니다. 적은 비용으로도 가능합니다. 장소가 어디든 일상적으로 보고 느끼는 곳이 아니라 새로운 장소에서 새로운 것을 보고 듣고 느끼면 됩니다.

익숙한 장소에서도 새로운 생각을 할 수 있지만 사람은 늘 해오던 대로 생각하게 되는 관성이란 것이 있기 때문에 장소나 일정의 변경으로 창의적인 생각을 할 수 있는 가능성을 열어둬야 합니다. 그곳에서 새롭고 다양한 사람과 만나거나 새로운 경험을 통해 생각의 경계를 깰 수 있습니다.

저는 늘 그렇게 시도합니다. 출근을 할 때 늘 다니던 길이 아니라 새로운 길로 가보거나, 한낮에 시간을 내어 가까운 곳에 가서 산책을 합니다. 낯선 곳에 가서 처음 만난 사람과 대화를 시도해보기도 합니다. 낯선 곳에서 만나게 된 사람들과 새로운 환경은 다른 방향으로 생각을 정리하게끔 도와주는 촉매제 역할을 합니다. 그건 오직 혼자만의 시간을 통해 가능합니다. 몇 날 며칠 동안 시간을 내지 않더라도 가끔 생각을 전환할 수 있는 좋은 기회가 됩니다. 독서와 여행은 우리의 뇌를 자극하는 아주 효과적인 방법입니다.

돈을 효과적으로 관리하기 위해서는 돈의 흐름을 파악하고, 돈을 관리할 수 있는 시스템을 만들어야 합니다. 지출한 것을 기억하고 기록하는 가계부보다, 미래를 계획하고 실행할 수 있는 시스템이 더 중요합니다. 가정경제를 1년 단위로 계획해서 연간 필요한 목돈을 미리 준비해두고, 통장을 분리해서 돈을 통제할 수 있는 시스템을 만든다면 돈에 대한 불안과 구속에서 벗어날 수 있습니다. 만일 기혼자라면, 이 모든 과정을 배우자와 협의하고 함께해야 합니다.

돈 관리를
하지 못하는 이유

돈의 흐름을 파악하지 못해서입니다

돈 관리가 아닌, 돈의 흐름을 파악하고 통제력을 키워야 합니다.
지출항목별 흐름을 장악하는 법을 이야기해보려 합니다.

돈의 흐름과 돈의 통제력을 키우는 일

...

1장에서 말한 내용 중 가장 중요한 것은 '흐름'입니다. 돈의 흐름,
경제의 흐름, 세계의 흐름 등 멈춰있지 않고 일정 시점이 아니라
일정 기간 동안 변화하는 흐름을 먼저 알아야 합니다. 돈 관리를
하지 못하는 이유 중 가장 핵심적인 것은 '돈의 흐름을 파악하지
못해서'입니다. 이유는 여러 가지가 있습니다. 소득의 변동성이
커서 지출 흐름 파악이 안 될 수도 있고, 주로 신용카드로 지출하
기 때문에 지출항목별로 구분을 못해서일 수도 있습니다.

 먼저 '돈 관리'라는 의미에 대해 알아봅시다. *우리가 일상적으*

로 사용하는 돈 관리라는 표현은 잘못된 관점입니다. 돈의 통제력이라는 표현이 옳습니다. 돈 관리는 돈을 수동적으로 바라보는 것입니다. 관리라는 의미는 주어진 환경에서 효과적으로 어떤 일을 책임지고 맡아 처리하는 것을 의미합니다. 관리와 통제를 비교하기 위해 '통제'의 의미를 살펴보면, 일정한 방침이나 목적에 따라 행위를 제한하거나 제약함을 뜻합니다.

돈은 맡아서 처리하는 것이 아니라 행위를 제한하는 것이 중요합니다. 소비와 소유를 통제하는 것입니다. 주어진 소득 범위 내에서 행복하게 살려면 소비와 소유를 적절하게 통제하고, 일목요연하게 돈의 흐름을 파악해야 합니다. 통제하지 못하면 돈의 흐름을 파악하지 못합니다. 돈의 흐름을 파악하지 못하고 가정경제에 대한 어려움을 겪는 이유가 소득을 관리하지 못해서일까요? 아니면 과소비와 과소유로 인해 통제하지 못해서일까요?

마찬가지로 돈의 흐름을 파악하지 못하면 소비를 통제할 수 없습니다. 대부분 가정의 매월 소득은 일정하지 않지만, 매년 소득은 일정합니다. 1년 단위로 소득과 지출을 생각해보면 돈의 흐름을 파악하는 것이 훨씬 더 쉬워집니다. 경제의 나머지 3대 주체인 정부와 기업도 1년 단위로 재무계획을 세웁니다. 그러면 가정도 마찬가지여야 하지 않을까요?

돈의 흐름을 이해하기 위해서는 수입과 지출 금액을 정확히 파악해야 하고, 구체적으로 어떤 항목으로 돈이 지출되는지 알아야 합니다. 가정마다 지출되는 항목은 나름대로 이유가 있습니다.

아무리 어려워도 자녀 교육은 시켜야 하기 때문에 학원비는 줄일 수 없고, 미래에 대한 불안함 때문에 보험료도 꼭 필요합니다. 대출이자는 한 달이라도 상환하지 않으면 당연히 문제가 발생합니다. 주말마다 한 번 이상은 꼭 외식을 해야 합니다. 한 주간의 힘들었던 일들을 잊어버릴 수 있는 역할을 하니까요. 모두 틀린 말이 아닙니다. 하지만 우리의 소득은 한정되어 있습니다. 그렇게 계속 살다보면 늘 지출 흐름을 쫓아다니게 되는데, 지출의 방향만 쫓다가 인생이 끝날 수도 있습니다.

돈의 흐름을 장악하는 방법

...

돈의 흐름을 파악하고 돈을 통제하기 위해서는 가정의 소득 범위 내에서 지출항목별로 분배하는 개념으로 사고의 틀을 바꿔야 합니다. 자세한 내용을 살펴보죠.

예를 들어 한 달에 100만 원을 벌었으니 저축은 20만 원을 해야 하고, 보험료는 7만 원 수준으로 납입해야 하고, 교육비는 20만 원 이내여야 합니다. 각 항목별 기준은 일반적으로 지출하는 평균적인 수준이 아니라 본인의 소득수준에서 결정되어야 합니다. 그래야 빚을 지지 않고 사는 경제생활이 가능한 것입니다. 옆집에서 어떤 학원을 보내고 암 보험료를 얼마씩 납입하는 것을 신경 쓰고 비교할 게 아니라 '우리 집 소득이 400만 원이기 때문에 우리는 얼마까지의 보험에 가입할 수 있다'라고 생각해야 합니다. 우리 집 소득에 비해 매달 지출되는 대출이자가 너무 높다고 하면, 집의 규모를 줄여서 이사해 대출원금을 줄여야 합니다. 교육비가 우리 가정 소득에서 높다고 생각되면, 학원을 끊고 부모가 자녀의 공부를 도와줘야 합니다.

이것이 가능하려면, '경제생활을 하면서 발생하는 모든 문제를 돈으로 해결하겠다'라는 생각을 버려야 합니다. 우리는 모든 문제를 돈으로 해결하는 것에 익숙해져 있습니다. 그것 때문에 돈을 더 벌지 못하는 스스로를 자책하게 됩니다. 돈 이외의 방법으로 해결할 수도 있고, 돈으로 해결할 수 없는 문제들도 많습니다. 얼마를 벌든 버는 한도 내에서 지출해야 하는 기본적인 개념을 인식하고 실행한다면, 돈은 관리하는 것이 아니라 통제하는 것이라는 의미를 비로소 이해할 것입니다.

돈 문제를 해결하기 위해서 "앞으로 소비를 줄여야지"라고 추상적으로 말하는 것은 의미가 없습니다. 구체적인 항목별로 금액 한도를 정해놓고 그 범위 내에서 지출하는 것이 옳은 방법입니다. '보험료 5%, 대출상환금 20%, 교육비 20%, 식비 20%' 이런 식으로 말입니다.

이렇게 계획을 세워서 실행하는 것이 돈의 흐름을 장악할 수 있는 방법입니다. 그 범위 내에서 지출할 수 없다면 이 부분을 반드시 돈으로 지출해야 하는지를 한 번 더 생각해보고, 돈 이외의 방식으로 문제를 해결할 수 있다는 '생각의 전환'이 필요합니다. 예를 들어 가족의 통신비가 꼭 이 정도 지출되어야 하는지 가족 구성원 한 사람 한 사람씩 계산해보고 줄일 수 있는 방법을 찾아야 합니다. 보험료가 꼭 이 금액이어야 하는지 가족별로 보험 증권을 꺼내어 정확한 내용을 파악하고, 보험료를 줄일 수 있는 방법을 전문가에게 문의해봐야 합니다.

혁신이란 기업이나 정부에서만 외치는 구호가 아닙니다. 소비 유혹사회를 살아가는 우리 가정경제도 돈 관리의 혁신이 필요하지 않을까요? 지출항목별 금액을 기록하고 이해하는 것을 반복할 것이 아니라 소득 범위 내에서 지출항목별로 줄일 수 있는 방법을 찾아보는 것이 가정경제의 혁신적인 사고입니다.

지출항목별 흐름을 장악하는 법

...

여기서는 지출 항목 중에서 3가지 정도만 이야기해 보겠습니다. 자세한 내용은 다음과 같습니다.

먼저, 교육비를 줄이기 위해 부모가 할 수 있는 일은 어떤 학원을 그만두게 해서 학원비를 줄일 것인가가 아닙니다. 보다 근본적으로 '학원을 다녀야 하는가'라는 질문이 필요합니다. 단지 학원비를 줄이는 것이 목적이 아니라는 말입니다. 더 나아가서 우

리 아이 성적으로 대학을 보내야 하는지, 공부가 적성에 맞지 않는다면 다른 대안을 찾아야 하는 건 아닌지 고민해야 합니다. 지나친 경쟁과 소수만 성공하는 제도 밖으로 시선을 돌려보세요.

서민 중산층이라면 대학을 보내기보다 마이스터고를 통해 직업을 먼저 갖게 하는 것이 현명한 부모입니다. 대학은 직장을 다니면서 얼마든지 갈 수 있습니다. 최근에는 직장인 특례입학이 확대되고 있는 추세입니다. 고등학교를 졸업하고 대학을 다닌 후에 직장에 취업하는 것이 아니라, 직장을 다니면서 대학을 다니는 시대로의 변화가 일어나고 있습니다.

만일 진로를 잘못 정해 인문계고를 보냈는데 성적이 나오지 않는다면 취업이 우선인 한국폴리텍대학을 보내야 합니다. 학비가 저렴하고 산업현장에 꼭 필요한 기술을 배우기 때문입니다. 4년제 대학 평균 취업률이 54.8%, 전문대학 평균 취업률이 61.4%입니다. 반면 한국폴리텍대학 취업률은 캠퍼스 평균 85.8%입니다. 여전히 기술 배우는 것을 힘들어 한다면 고등학교를 졸업한 후에 공무원 시험을 준비하거나 장사를 가르쳐야 합니다. 둘 다 힘들지만 시대가 바뀌어도 없어지지 않는 직업입니다.

이제는 학력이나 학벌보다 취업이 우선인 시대입니다. 대학을 보내는 것이 아니라 어떤 대학을 보낼 것인가를 고민해야 합니다. 자녀가 공부에 적성이 맞고, 부모가 오랜 시간 교육비를 지원해줄 수 있다면 석사, 박사, 유학까지 생각해야 합니다. 그 정도가 아니라면 다른 길을 찾아줘야 합니다. 이 시대가 원하는 인재는 지식보다 창의력과 인성입니다. 지식과 정보는 누구에게나 언제든 열려있는 세상입니다. 쉽게 접하고 쉽게 응용할 수 있습니다.

MOOK(Massive Open Online Course)에서 공부하고 MOOK에서 학위를 딸 수 있는 시대가 오고 있습니다. 유다시티, 코세라, 에덱스는 웬만한 대학의 학사학위보다 세계 IT기업들의 임원진에게 인정을 받습니다. 대학 학비보다 훨씬 더 저렴한 금액으로 가능합니다. 이제는 지식과 정보보다 창의력과 인성이 중요하다는 사실을 부모가 먼저 인식해야 합니다.

우리 자녀가 일방적인 주입식 교육을 받아서는 적응하지 못할 수 있습니다. 자녀에게 과도한 교육비 지출보다 다양한 경험을 쌓게 하고 새롭고 다양한 길들이 있다는 것을 보여주는 게 낫지 않겠습니까?

현실적으로 쉽지는 않겠지만, 자녀의 성장 과정에 관심을 가지고 학교 공부를 함께해보세요. 초등학교 정도까지는 가능한 일입니다. 자녀를 가까이서 지켜보게 되면 자녀의 성향과 자녀의 장단점을 알 수 있습니다. 그 시간들은 자녀의 진로를 결정하는 데 큰 도움이 됩니다. 아마 중학교부터는 공부를 함께하는 건 힘든 일이 될 것입니다. 아예 고등학생이 되면 어렵고 불가능한 일이 될 수도 있습니다.

부모가 바쁘다는 핑계로 돈을 들여 학력 수준을 해결하는 방식이 바로 학원을 보내는 것입니다. 그렇다고 자녀의 학력 수준이 크게 향상되지도 않습니다. 오히려 스스로 진로를 찾게 하고, 자기주도 학습이 가능하게 도와주는 것이 훨씬 더 중요합니다.

자녀가 공부하는 과정에서 어려워하는 부분을 보완하기 위한 목적으로 학원을 보내는 것이 적절한 방법입니다. 목적이 없고 타성에 젖어 학원을 다니는 것은 아이들에게도 도움이 되지 않습니다. 돈을 조금 적게 벌더라도 자녀와 함께 시간을 보내고, 자녀에게 관심을 가지는 것이 훨씬 더 중요한 일 아닐까요.

보험료를 줄이기 위해서는 보험 상품과 우리 삶에서의 위험에 대해 먼저 이해해야 합니다. 보험회사 입장에 있는 보험설계사가 제공하는 정보는 중립적이지 않습니다. 보험 상품을 판매하는 것이 목적이기 때문입니다. 보험 상품을 가입하기에 앞서 우리가 먼저 해야 할 일은 과식을 금하고, 운동을 하는 것입니다. 건강한 몸이 보험료를 낮출 수 있게 합니다. 건강은 절제하는 삶에서부터 시작됩니다. 모든 것을 돈으로 해결될 수 있다는 착각을 버려야 합니다.

보험 상품은 질병에 대한 위험을 돈으로 해결하는 방식입니다. 많은 돈을 들여 보험 상품을 가입하는 것보다 질병의 위험을 낮추는 일이 훨씬 더 중요합니다. 즉 건강한 몸이 중요하다는 말입니다. 교통사고나 외래의 충격으로 인한 상해위험은 확률적으로 굉장히 적고, 보험료도 얼마 되지 않습니다. 적은 돈으로 보험 상품에 가입할 수 있습니다. 질병의 위험을 낮추기 위한 운동과 적은 양의 식사를 먼저 실천하시길 바랍니다.

대출에 대한 생각은 앞서 말한 '집에 대한 다른 생각'에서부터 출발해야 합니다. 현재 과도한 대출이 있다면 그 원인을 파악하고 대출 문제를 해결해야 합니다. 대출에 대해서 근본적인 개선 없이는 돈의 흐름을 장악할 수 없습니다. 이자부담이 문제가 아니라 원금을 반드시 줄여야 합니다. 주택담보대출이 많다면 이사를 가야 하고, 생활자금대출이라면 사업을 그만두든지 혹은 다른 일을 찾아야 합니다.

대출이 소득의 범위에서 문제가 되지 않을 정도라면 빨리 갚아야 합니다. 매년 일정금액의 대출 원금을 갚아나가겠다는 목표를 구체적인 숫자로 세워야 합니다. '올해는 대출원금 1천만 원을 갚겠다'라는 식으로 말이죠. 비싼 곳에 살고 싶은 욕망을 포기할 수 있으면 '빚'에서 탈출할 수 있습니다. 집값은 투기세력 때문에 오르는 것이 아니라 비싼 곳에서 살고 싶어 하는 우리의 욕망이 올리는 겁니다.

가계부를
열심히 기록만 했기
때문입니다

가계부의 목적을 알면 기록보다 계획이 중요하다는 것을 알 수 있습니다.
중요한 것에 집중할 수 있도록 구성된 시스템이 중요합니다.

가계부의 목적과 단점은 무엇일까요?

...

가계부의 목적은 과거에 지출한 금액에 대한 기록과 기억입니다.
물론 지출관리에서 꼭 필요한 일입니다. 어떤 항목에 어느 정도
지출했나를 파악하는 것은 돈을 통제하기 위해서는 기본적으로
알아야 할 내용입니다. 문제는 오직 그것만 계속 반복한다는 것
입니다. 가정경제를 운용하면서 과거의 기록과 기억을 무한 반복
할 필요가 있을까요?

물론 돈 관리라는 측면에서는 맞습니다. 관리는 맡아서 처리하
는 것이기 때문입니다. 하지만 통제의 측면에서는 무의미한 일입

니다. 늘 기록하지만 생활은 변하지 않고, 통제되지 않는다면 가계부가 무슨 의미가 있을까요? *돈을 통제하는 것의 핵심은 소득에서 먼저 저축금액을 결정하고, 나머지 소득 범위 내에서 각각의 지출항목별로 계획을 세우고 그 계획에 맞게 실천하며 사는 것입니다.* 매달 지출했던 금액을 파악하고 기록하는 것의 반복이 아니라는 말입니다. 현재의 이 흐름을 단번에 깨지 못하면 돈을 통제하는 일은 늘 어렵고 머리 아픈 일이 될 것입니다.

매년 연말이나 새해가 시작되는 시점에 서점을 가면 다양한 가계부가 넘쳐납니다. TV나 인터넷에서도 이맘때면 가계부 이야기를 많이 합니다. 가계부를 평생 썼기 때문에 돈을 모을 수 있었다는 사람도 초대되고, 알뜰한 살림살이 운용에 대해 전문가라는 사람도 한 마디 합니다. "돈 관리의 기본은 가계부죠." 그러나 아마 그 전문가도 가계부를 쓰지 않을 거라고 생각합니다.

당해 3월 정도가 되면 가계부 이야기는 쏙 들어갑니다. 야심차게 실행했던 사람들도 하나 둘 지겨워집니다. 이런 모습이 수십 년째 반복됩니다.

최근에는 IT기술을 활용해서 간편한 애플리케이션(앱)으로도 편리하게 가계부를 사용할 수 있습니다. 돈을 들이지 않고도 마음만 먹으면 활용할 수 있게 된 것입니다. 하지만 열심히 가계부를 썼더라도 돈을 통제하는 일은 불가능할 것입니다.

가정경제의 운용에 있어서 가계부는 효과적인 수단이 아닌데도 불구하고 주위에서는 왜 가계부 이야기를 멈추지 않는 걸까요? 제가 내린 결론은 2가지입니다.

첫 번째는 쉽기 때문입니다. 앞서 제가 말한 돈을 통제할 수 있는 방법을 찾고, 시스템을 만들고 그 범위 내에서만 지출하며 사는 것은 힘듭니다. 맞고 틀리고가 아니라 어렵고 쉬운 문제입니다. 사람들은 쉬운 것에 길들여져 있습니다. 가계부는 지출한 내용을 기록만 하면 됩니다. 누구나 할 수 있습니다. 가정경제가 달라지지 않는다는 걸 알면서도 쉽기 때문에 반복하는 겁니다.

두 번째는 과거의 기록이 중요하다고 착각하기 때문입니다. 어떤 일을 기록하고 기억하는 것은 중요하지만 무엇을 기록하고 기억해야 할지 우리는 잘 알지 못합니다. 과거에 비해 편리한 세상에 살고 있음에도 불구하고 해야 할 일은 훨씬 많아졌습니다. 변화하는 세상의 속도에 비해 우리의 기억력은 점점 떨어집니다. 매일 또는 매월 지출한 내역을 기록하고 기억할 필요는 없습니다. 경제활동을 하며 알고 있어야 할 수많은 정보와 지식도 기억하기 힘든데 말입니다.

지출을 통제하고 적절하게 소비하기 위한 지출 흐름의 파악은 반복해서 경험해보면 내용을 알기에 충분합니다. 한 사람이 지출하는 내용과 성향은 일정한 특징이 있기 때문에 몇 번의 반복된 흐름만 좇아가보면 파악할 수 있습니다. 그 흐름 정도를 파악해서 지출항목별로 적절하게 나누는 것이 훨씬 더 중요합니다.

하루하루의 기록이 중요한 게 아닙니다

...

가계부와 더불어 새해에 판매가 많이 되는 것이 다이어리인데, 다이어리가 갖는 느낌이 가계부와 유사합니다. 몇 달 가지고 다니다 말거나 어디에 두었는지 잊어버리기 일쑤입니다.

다이어리는 새로운 일을 계획하고 아이디어를 찾기 위함이 아니라, 특정한 날에 발생한 일을 기록하도록 구성되어 있습니다. 이러한 구성이 잘못되었다는 것이 아니라 다른 관점이 필요하다는 말입니다. 그것이 플래너입니다. *다이어리가 아니라 플래너, 즉 기록이 아니라 계획이 중요하다는 말입니다.*

저는 프랭클린플래너(www.franklinplanner.co.kr)라는 것을 사업을 시작할 때부터 사용했습니다. 벌써 16년의 시간이 지났습니다. 연간 목표와 일정을 늘 볼 수 있도록 구성했고, 그 날 일어났던 일은 체크하는 방식으로 되어 있습니다. 새로운 생각이나 아이디어를 속지 형태로 따로 보관하거나 일정을 기록하는 곳에 함께 보관할 수 있습니다. 바인더 형태이기 때문에 기록한 내용의 이동 또한 편리합니다.

저도 프랭클린플래너를 쓰기 전에는 다이어리를 사용했습니다. 기본적으로 메모의 중요성을 사회초년생 때 알게 되었고, 그것을 활용할 수 있는 수단이 다이어리라고 생각했습니다. 하지만 다이어리가 가진 단점은 새로운 생각이나 아이디어를 기록할 곳이 마땅치 않고, 기록했다 하더라도 그 내용을 다시 찾기가 어렵다는 겁니다. 하루하루 기록이 중요한 것이 아니라 일에 대한 생각을 전체적으로 볼 수 있는 것 또한 중요한 부분인데, 이는 다이어리로는 부족했습니다. 그 부분을 해결해 준 것이 프랭클린플래너였습니다.

특정한 날짜에 발생한 일을 기록하고 기억하는 것이 아니라, 기록한 후 잊어버리고 다른 중요한 것에 집중할 수 있도록 구성된 시스템이 중요하다는 것을 깨달았습니다. 그리고 계획과 일정의 통제, 더 나아가 사업을 하며 떠오르는 아이디어를 기록하고 그것을 쉽게 찾아볼 수 있도록 시스템화된 것도 중요하다는 점 또한 깨달았습니다. 지금까지 말한 차이점은 본인이 직접 사용해보지 않고서는 이해할 수 없습니다. 짧은 글로 표현할 수도 없습니다. 프랭클린플래너를 사용해 볼 것을 추천합니다.

사람은 환경에 적응해서 생각하고 행동합니다. 그 환경을 어떻게 만드느냐가 중요한데, 돈을 관리하는 것도 같은 방법입니다. *가계부를 통해 과거에 지출했던 내용을 기록하고 기억하는 것에 집중할 것이냐, 돈을 통제할 수 있는 시스템을 만들고 그것에 적응하고 실행할 것이냐, 잘 생각해봐야 합니다.* 올바른 시스템을 만들었다면 돈을 관리하는 것에 신경을 쓸 필요가 없고, 돈을 버는 것이나 행복한 삶을 사는 것에 집중할 수 있습니다.

돈을 통제하는 것의 핵심은 소득에서 먼저 저축금액을 결정하고, 나머지 소득 범위 내에서 각각의 지출항목별로 계획을 세우고 그 계획에 맞게 실천하며 사는 것입니다.

1년간 필요한
돈의 규모를
몰라서입니다

지출의 종류를 파악하고, 통장을 지출별로 나누고 따로 관리해야 합니다.
또한 모든 가정에서는 비상자금이 반드시 필요합니다.

고정지출, 변동지출, 연간지출을 파악해보세요

...

앞서 1장에서 말한 '삶의 전체적인 라이프 사이클'을 그려보면 우리 삶에서 예상되는 지출의 규모를 파악할 수 있습니다. 이것이 가장 먼저 알고 있어야 할 내용입니다. 하지만 삶의 전체적인 지출규모보다 매년 지출되는 규모를 파악하는 것이 더 중요한 일입니다.

우리가 돈을 통제하지 못하는 이유 중 하나는 월 기준으로 생활비를 인식하고 계획하기 때문입니다. 우리는 월 단위가 아니라 1년 단위로 급여를 책정하고 1년 단위로 소비하는데 이를 인지하지 못할 뿐입니다.

그럼 1년 단위의 지출 규모를 하나씩 구체적으로 살펴보겠습니다. 지출을 항목별로 책정한 후 그 금액을 제외한 돈을 저축하는 것이 아니라, 소득에서 저축할 수 있는 금액을 먼저 계산하고 저축을 실행한 후에 지출을 항목별로 나눈 후 지출해야 합니다. 그것은 지출 우선순위에서 고정지출을 먼저 계산하고, 나머지는 변동지출로 묶어버리면 됩니다. **고정지출이란 가정경제가 운용되는 데 반드시 필요한 지출을 말합니다.** 교육비, 아파트 관리비, 보험료, 통신비, 대출상환금 등이죠. 교통비는 고정지출일 수도 있고, 아닐 수도 있습니다.

과거에 저는 교통비 한도를 정해놓은 후, 20일 정도까지 교통비 지출이 많으면 자가용 운행을 줄이고 대중교통을 이용했습니다. 지출 범위 내에서 지출하는 것이 중요한 일이지 '무엇을 타느냐, 얼마나 불편하냐'는 중요하지 않기 때문이죠. 고정지출은 가정마다 다를 수 있지만 가급적 고정지출 항목이 많이 정해져 있으면 돈을 통제하기가 쉬워질 것입니다.

매달 고정적으로 지출하지 않고 지출금액이 확정되지 않은 지출을 변동지출이라고 합니다. 일반적으로 생활비라고도 합니다. 식비, 의류비, 의료비, 문화레저비, 경조사비 등입니다. 이것은 항목별로 얼마씩 계획하기보다 전체 합계로 계획하고 파악하면 됩니다. 일반적으로 가정에서 매월 발생할 경조사비를 미리 계획하고 살지는 않기 때문입니다. 하지만 식비는 목표 금액을 정해놓고 사는 것이 필요합니다. 그렇지 않으면 외식과 먹는 것에 대한 소비를 통제하기 힘들어집니다.

한 달 수입 범위 내에서 생활하고 빚을 지지 않는 것이 가정경제의 기본 개념이라면, 소득은 다음과 같이 나눠집니다.

$$소득 = 저축 + 고정지출 + 변동지출 + ?$$

여기서 '?' 부분이 연간지출입니다. **연간지출은 앞서 말한 2가지 범주인 '매월 고정지출과 매월 변동지출'을 제외한 연 단위로 꼭 필요한 지출을 의미하는 것입니다.** 대표적으로 1년에 한 번 발생하는 지출들을 살펴볼까요? 나라에 내야 할 세금, 자동차 보험료, 명절에 지출하는 비용, 여름휴가비용 등입니다. 이 지출은 규모도 크고 한 번에 일시적으로 발생하기 때문에 월 생활비로 충당할 수 없습니다.

예를 들어 살펴보겠습니다. 자동차 보험료를 납부하는 달이 돌아왔습니다. 매 년 11월에 자동차 보험을 갱신하는데 이에 대해 따로 돈을 모아두지는 않습니다. 그러면 목돈을 일시에 지출할 수 있는 방법은 신용카드 할부입니다. 그래서 대부분 신용카드 3개월 할부로 결제합니다. 하지만 결제한 다음 달이면 바로 결제일이 돌아오는데, 그동안 소득이 추가로 늘지는 않았으니 다른 신용카드로 결제하거나 유지하고 있는 적금을 해약합니다. 이런 사이클이 평생 계속되는 겁니다. 즉 카드 돌려막기와 다를 바가 없는 것입니다. 그러므로 1년을 기준으로 봤을 때 지출해야 하는 연간지출은 '항상' 준비되어 있어야 합니다.

준비되어 있지 않다면 매월 효과적으로 통제하던 지출도 한순간에 무너질 수 있습니다. 이 규모는 가정마다 다를 수 있지만 일반적으로 월 소득의 100% 정도면 적절하다고 판단됩니다. 가정의 부부 합산 소득이 400만 원이라고 가정하면, 연간지출의 합이 400만 원이면 적당합니다. 만일 연간지출의 합계가 가정의 소득 수준 100%를 초과하면, 연간지출 규모를 줄여야 합니다. 여름휴가비를 줄이든, 명절 제수비용을 줄이든 말입니다.

통장을 지출별로 나누고 따로 관리하세요

...

고정지출과 변동지출과 연간지출, 이 3가지 범주를 나눠서 통제할 수 있는 시스템을 만들고 실행하며 사는 것. 이것이 훈련되고 반복되어 지출되는 내용을 가계부에 기록하지 않거나 머릿속에 기억하지 않아도 되는 것이 현명하게 돈을 통제할 수 있는 방법입니다.

하지만 스스로 이렇게 살아가기가 쉽지는 않습니다. 더군다나 소득의 변동성이 크다면 더 힘든 일일 것입니다. 그걸 대비하는 가장 좋은 수단은 연간지출통장에 돈을 남겨두는 것입니다. 소득이 들어오는 통장에 고정지출과 저축을 남겨두고, 한 달 동안의 변동지출을 소비하기 위한 통장에 변동지출을 이체하고, 연간지출을 위한 통장에 소득의 100%를 채워놓은 것, 이렇게 '3개의 통장'으로 돈 관리를 신경쓰지 않아도 되는 시스템을 만들어야 합니다. 이 시스템을 실행하면 매월 돈 관리에 대한 불안감과 스트레스를 받지 않을 수 있습니다.

그렇게 돈이 흘러가는 흐름만 파악하고 계획대로 실천했는지를 확인 점검만 하면 됩니다. 돈은 이렇게 시스템을 만들어 통제하는 것이지 관리하는 것이 아닙니다.

여러분은 여러분만의 방법으로 시스템을 만들어도 됩니다. 하지만 지출했던 돈을 기록하고 기억하며 관리하는 것이 아니라 통제할 수 있는 시스템을 만들고 실행하는 것이 늘 옳다는 것을 명심하기 바랍니다.

비상자금을 만들어야 합니다

...

모든 가정에서는 비상자금이 필요합니다. 연간지출과는 별개로 돈을 모아놓을 수 있으면 돈에 대한 심리적 안정이 높아집니다. 많은 심리전문가들이 그렇게 이야기합니다.

특히 자영업을 하는 사람은 소득의 변동성이 커서 늘 불안합니다. 이번 달에는 매출이 좋았지만 다음 달에는 어떻게 될지 모르는 것입니다. 나의 노력과는 별개로 시장 상황과 세상의 흐름으로 인해 한순간 매출이 급격하게 떨어질 때도 있습니다. *그런 시기를 대비하기 위해서 소득의 100%를 따로 모아둘 것을 권합니다.* 연간지출이 소득의 100% 수준이면 적당하다고 말했었는데, 비상자금과 연간지출을 합한다면 소득의 200% 수준일 것입니다.

저는 증권사 CMA통장에 항상 평균소득의 200%가 있습니다. 연간지출과 비상자금으로 채워져 있는 것입니다. 소득이 줄어든 달에 꺼내서 사용할 수도 있고, 심리적으로 수입의 변동성을 감내한다는 의미도 있습니다. 이렇게 실천할 수 있으면 돈을 통제할 수 있습니다. 어렵지 않으니 지금 당장 실행하면 됩니다.

배우자와 합의하지 않아서입니다

부자들은 부부 간의 대화와 소통이 원활합니다.
이상적인 가정은 부부가 돈에 관해 신뢰하고 의지하며 소통합니다.

부자가 되려면 부부 간의 소통이 반드시 필요합니다

...

오랫동안 재무 컨설팅을 진행하며 알게 된 사실은 가정마다 부부 간의 특징이 있다는 것입니다. 여러 가정의 경우를 구체적으로 살펴보겠습니다.

이상적인 가정의 모습은 부부가 돈에 관해 서로 신뢰하고 의지하며 소통합니다. 재무 컨설팅을 진행하는 과정에서도 부부가 함께 상담을 받고, 궁금한 것과 모르는 것에 대한 호기심이 많고 함께 공부하려고 합니다. 대부분 남성보다는 여성이 주도적으로 가정경제를 운용하고, 남성은 자신의 직업에 몰두합니다.

162

남편은 주식이나 부동산 등에 과도한 투기도 하지 않습니다. 적당한 금액 수준으로 시간과 노력을 줄일 수 있는 간접투자 방법을 선택합니다. 투자를 할 때도 기간과 목표를 정해놓고 심리적으로 흔들리지 않도록 절제함은 물론이고, 배우자에게 모든 것을 공개하고 대화합니다.

아내는 돈에 관해 공부하고 돈 관리를 잘할 수 있도록 노력합니다. 아내의 금융지식도 일정 수준 이상입니다. 이런 시간이 오래 지속되다보니 남편은 아내를 믿고 의지합니다. 이런 이상적인 가정이 되기 위해서는 평소에도 자주 대화하고 서로 신뢰할 수 있는 가정환경이 되어야 할 것입니다. 서로 불신하고 대화가 없는 가정이라면 부부 간의 돈 이야기는 오히려 매우 위험한 주제가 될 수도 있습니다.

한편 남편이 돈에 관한 전권을 가진 가정도 있습니다. 아내가 스스로 결정할 수 있는 것이 하나도 없습니다. 식비나 의류비 지출 등 생활비 정도만 관리할 수 있고, 평소에 아내와 남편은 대화하지 않습니다.

아내는 대부분 남편의 생각에 따릅니다. 남편과 아내의 각자 성향으로 그렇게 되었는지 남편의 성향 때문에 아내가 순종하는 것인지 모르지만 아내가 불만이 없다면 문제라고는 할 수 없습니다. 문제가 발생하는 경우는 남편이 소비를 통제하지 못해 가정 경제가 위험에 빠지거나, 지나치게 살림살이를 통제해 아내가 스트레스를 받는 경우겠죠.

또한 아내가 가정경제에 관해 배우려하지 않고 지식이 없다보니 나이가 들어서 문제가 생길 수 있습니다. 아내가 세상 흐름에 뒤처지게 되고, 변화하는 금융환경에 적응하지 못하게 됩니다. 이런 가정의 경우에 남편은 아내를 배려할 필요가 있고, 돈에 관한 대화를 통해 아내에게 가정경제 운용의 일부를 맡기는 것이 필요합니다. 그렇지 않다면 남편이 나이가 들어 소득이 없어질 때 부부관계에 심각한 문제가 생길 수 있습니다.

반대로 아내가 경제의 주도권을 갖는 경우도 있습니다. 아내가 돈에 대한 관심이 많아 적극적으로 공부하고, 적지 않은 돈으로 주식이나 부동산 투자 등을 실행합니다. 만일 아내의 투자가 성공한다면 돈 관리에 자신감을 갖게 되고, 보다 더 적극적으로 변할 것입니다. 남편은 대부분 아내의 결정에 동의합니다. 남편의 관심은 직장에서의 성공이나 집에서의 휴식입니다.

남편은 가정경제에 대해 아내에게 일임했기 때문에 묻지도 따지지도 않습니다. 아내가 스스로 돈 관리를 잘하고 투자도 잘해서 돈을 잘 불려나갈 수 있습니다. 문제는 나이가 들어 남편의 소득이 줄어들거나 은퇴해야 하는 시점에 돈에 관한 모든 주도권이 아내에게 있을 경우 아내의 목소리가 점점 더 커진다는 겁니다. 반대로 남편의 목소리는 점점 더 줄어들 것입니다. 물론 아내가 주도하는 가정경제에 남편이 만족한다면 문제는 없습니다.

가정경제에 대해 부부가 공유해야 합니다

...

최근 젊은 부부들은 자신의 소득과 배우자의 소득을 분리해서 관리합니다. 같은 공간을 사용하는 동거인일 뿐입니다. 시대가 바뀌었기 때문에 이해는 합니다. 공동의 생활비를 제하고 각자의 소득으로 각자의 행복을 좇을 수도 있습니다. 하지만 돈은 모든 것과 밀접하게 관련되어 있습니다. 심지어 가치관까지 연결되어 있습니다.

부부 간의 이혼 사유 중 첫 번째가 돈입니다. 성격 차이라고 표현하기도 하지만 성격 차이가 돈에 관한 가치관의 차이로 인해 발생하는 경우가 많습니다. 돈에 관해 함께 대화하고 돈에 관한 문제를 해결하지 않고 다른 문제가 해결될까요? 어디에 얼마를 지출하고 소비하는가에 따라 행복이 달라집니다. 소득은 정해져 있고 한정되어 있습니다. 부부가 하는 모든 일에 똑같은 생각을 가질 필요는 없습니다. 서로 다른 생각을 한다는 것을 인정하고 이해해야 하지만 서로 공유는 해야 하지 않을까요?

배우자의 동의 없이 보험을 가입하고, 저축을 할 것인지 투자를 할 것인지를 혼자 결정한다면 한 사람이 위험에 처했을 때 배우자는 어떤 선택을 해야 할까요? 서로 간의 소득으로 함께 미래를 준비하며 매달 각자 용돈을 쓰는 개념으로 본인이 좋아하는 곳에 소비하고 각자 행복을 찾을 수도 있습니다. 함께 같은 곳을 바라볼 수 있어야 절약할 수 있고, 함께 경제생활에 관해 공유할 때 문제가 발생하지 않습니다.

배우자와의 합의가 행복한 경제생활을 만듭니다

...

어떤 가정이든 돈에 관한 의사결정을 할 때, 서로 대화하고 합의 해야 합니다. 그렇게 해야 변화하고 실행할 수 있습니다. 경제적 으로 문제가 있는 가정은 부부가 대화하지 않거나 한 사람이 일 방적으로 결정하는 가정입니다. 그 모습은 돈에 관한 문제뿐만 아니라 자녀 양육과 부모 봉양 등 모든 사항마다 동일합니다.

혼자 사는 경우도 마찬가지입니다. 그를 둘러싼 부모가 존재하 고 있다면 본인의 생각과 더불어 부모님의 생각도 중요합니다. 소비하고 저축하는 기준과 미래를 대비하는 보험 가입 등의 문제 까지 가족의 생각이 영향을 미칩니다.

돈을 많이 벌고 모으고 불리는 것이 중요한 것이 아닙니다. 행 복하게 경제생활을 하는 것이 중요합니다. 당연히 결과보다는 과 정이 중요하다는 말입니다. *부부관계 회복의 시작도 돈에 관해 서로의 생각을 공유하고 이해하는 데서 출발합니다.* 노력만으로 돈을 많이 벌지 못하는 시대이므로, 그 사실을 배우자가 반드시 동의해야 합니다.

우리는 알뜰하게 돈을 통제하며 살기 힘든 '소비 유혹' 시대에 살고 있습니다. 삶이라는 긴 여정에서 많은 돈을 욕망하는 마음과 더 많은 소비를 하고 싶은 마음은 부부가 헤쳐 나가야 할 역경인지도 모릅니다. 그리고 그 역경을 잘 이겨내기 위해서는 부부간의 이해와 실행에 대한 합의가 절실합니다.

자존감을 지킬 수 있는 돈의 기준을 정해야 합니다. 돈에 대한 불안을 없애려면 미래의 필수자금을 파악하고 위험에 대비해야 합니다. 돈을 쉽게 벌 수 있다고 생각하면 경제생활에 문제가 발생합니다. 돈을 가치중립적인 수단으로만 인식하고, 돈에 대한 좋은 태도를 가진 사람과 교류해야 합니다. 인간은 욕망의 동물이기 때문에 주위의 말과 글에 흔들리기 쉽습니다. 긍정적인 생각으로 돈에 대한 올바른 태도를 가진 사람과 관계를 맺는다면 현명하고 행복한 경제생활을 할 수 있습니다.

돈에 대한
올바른 태도가 중요합니다

돈은 개인의 자존감을 지킬 수 있는 수단입니다

자존감이 무너지지 않는 수준의 돈은 갖고 있어야 합니다.
돈이 없기 때문에 가능한 것들이 있다는 것도 잊지 맙시다.

돈에 관한 올바른 태도

...

돈에 관한 올바른 태도에 관해서는 여러 의견이 있습니다. *제가 생각하는 돈에 관한 올바른 태도의 핵심은 '선한 욕망'입니다.*

　욕망 없는 성취는 불가능하다고 생각합니다. 늘 현재보다 나은 미래를 꿈꾸기 때문에 우리 사회는 보다 발전할 수 있었습니다. 지금까지 한국 사회가 달려온 모습도 욕망의 크기가 컸기 때문에 가능한 일이었습니다. 하지만 이제는 사회든 개인이든 다른 관점을 가져야 합니다. 다양한 욕망으로 점철된 사회에서 욕망의 크기를 조금 줄이고, 욕망을 달성하기까지의 과정을 돌아봐야 합니다. 누군가의 희생으로 도달한 성취는 반드시 대가를 치르게 마련입니다.

경제가 압축적으로 발전하던 시기는 성장과정에서 문제가 발생하는 것을 필연이라 생각했습니다. 이제는 우리의 의식 수준이 높아졌고, 사회 곳곳에서 일어나는 모든 일들이 공유되는 시대입니다. 고객이나 직원들에게 무례하게 행동하는 재벌 회장으로 인해 그 회사의 매출이 급감하고, 많은 국민들이 회장의 사퇴를 요구하는 시대입니다.

우리는 이제 선한 욕망을 꿈꿔야 합니다. 막연하게 부자가 되어야겠다는 생각이 아니라, 부자가 되는 과정도 돌아봐야 합니다. 돈을 많이 벌 수 있다는 것은 본인의 노력과 더불어 사회와 이웃의 도움이 있었기에 가능한 일입니다. 누군가의 희생이 필요했을 수도 있습니다. 이제는 본인의 기술과 지식으로 세상이 조금 더 편리해지고 이웃의 삶에도 도움이 되는 일을 직업으로 가져야 합니다. 그런 생각으로 꿈꾸는 선한 욕망이 돈에 관한 올바른 태도입니다.

돈 많은 사람이 부러운 것은 돈에 집착하기 때문입니다

...

여러분은 누군가가 가지고 있는 돈의 양에 따라서 그 사람을 평가합니까? 만일 그렇다면 여러분이 돈이 없고, 돈이 내 삶에서 중요하다고 생각하기 때문입니다. 그것이 무엇이든 본인이 부족하다고 생각하는 것이 있으면 그것을 많이 가진 사람이 부러운 겁니다. 집이 없는 사람은 집을 가진 사람이 세상에서 가장 부럽고, 차가 없는 사람은 비싼 차를 가진 사람이 제일 부럽습니다. 사람으로 태어났기에 그런 생각을 하는 것이 당연한 겁니다. 돈도 그중 하나인 것입니다.

하지만 집이 없는 사람이 집은 없어도 먹고사는 데 지장이 없다고 생각하고, 집을 소유하는 것이 중요하지 않다고 생각한다면 관점이 달라집니다. 스스로가 가진 약점에 집착하지 않는다면 더 행복한 경제생활을 할 수 있습니다.

돈도 마찬가지입니다. 내가 먹고사는 데 지장이 없고 돈이 중요하지 않다고 생각할 수 있으면, 돈을 많이 가진 사람이 부럽지 않은 것입니다. 물론 돈으로 타인을 평가할 필요도 없을 것입니다. 하지만 중요한 전제조건이 있습니다. **스스로가 자존감을 지킬 수 있는 정도의 돈이 있어야 하고, 돈에 집착하지 않는 대신 다른 것에 집중할 수 있어야 합니다.**

자존감을 지킬 수 있는 돈의 기준

...

돈에 흔들리지 않으려면 자존감이 무너지지 않는 수준의 돈을 갖고 있어야 합니다. 좋은 물건과 나쁜 물건의 차이가 우리의 자존감을 흔들지는 않습니다. 누구나 더 좋은 것, 더 새로운 것을 원하지만 그것이 모두에게 반드시 필요한 것은 아닙니다. 불편과 불행은 완전히 다른 것입니다. 즉 불편하다고 불행한 것은 아니라는 말입니다.

여러분의 자존감을 물건으로 표현하지 않아야 합니다. 물건으로 자존감을 표현하는 사람에게는 집이 더 커야 하고, 자동차의 브랜드가 더 좋아야 하고, 새로운 가전제품이 개발되면 꼭 가져야만 합니다. 하지만 결국 물건일 뿐입니다.

"지금 이 세상이 혼돈에 빠진 이유는 물건이 사랑받고 있고 사람들이 사용되어지고 있기 때문이다."

달라이 라마가 한 말입니다. 어디까지 소비해야 하고, 어느 정도 소유해야 하는지를 본인이 정해야 합니다. 법력이 높은 스님처럼 무소유로 살 수는 없으니, 그 기준을 정해놓아야 세상에 흔들리지 않습니다. 소득과 자산과 자녀의 교육비 지원과 노후의 삶까지 말입니다.

한 가지씩 그 기준을 천천히 정하면 됩니다. 한꺼번에 모든 것을 정할 수는 없습니다. 조금씩 경제생활을 하면서 자신의 위치와 상황과 미래의 소득을 예측해보면 기준을 정할 수 있습니다. 자존감에 상처를 받지 않을 정도는 소유하고 있어야 합니다. 집이든 물건이든 말입니다.

돈으로 결코 살 수 없는 가치들을 잃지 맙시다

...

돈으로 할 수 없는 많은 것들이 있습니다. 반대로 생각하면, 돈이 없기 때문에 가능한 것들이 많다는 이야기입니다. 자녀에게 비싼 장난감을 사주고 혼자 놀게 하는 대신에 가까운 도서관에 같이 가서 책을 읽어주며 함께 시간을 보낼 수 있습니다. 여름날 늦은 저녁 배우자와 함께하는 동네 산책, 비오는 저녁에 좋은 음악을 들으며 혼자 마시는 차 한 잔, 마음이 통하는 이웃과의 수다, 학교 성적이 올랐다며 좋아하는 자녀의 웃음소리, 책을 읽고 새로운 삶의 가치를 깨달을 수 있는 순간들, 자연을 느끼며 가까운 시외를 드라이브하는 느낌 등 말로 표현할 수 없는 소소한 행복의 순간들은 결코 돈으로 얻을 수 없습니다.

돈이 목적이 되면서 우리는 감정을 느끼는 과정에 돈이 반드시 있어야 한다고 착각하게 되었습니다. 돈이 많아짐으로 인해 돈으로 살 수 없는 가치들을 잃어버리게 된 것입니다.

한 생명이 병원에서 태어나는 순간부터, 장례를 통해 생을 마감하는 시점까지 모든 것이 돈으로 소비하도록 만들어진 곳이 지금 우리가 살고 있는 사회입니다. 과거에는 장례를 치르기 위해 동네의 이웃들이 함께하고 선산에 묻혔다면, 이제는 자연형 공원묘지에서부터 수목장과 추모관까지 돈의 차이로 다른 곳에 묻히게 됩니다. 유골 봉안시설이 아파트처럼 로얄층이면 비싸고, 꼭대기 층이나 가장 아래에 위치하면 저렴합니다. 죽으면 사라질 영혼을 추모하는 곳의 위치까지 돈으로 차별하는 세상입니다. 누군가는 그것으로 돈을 벌어야 하니까 말입니다. 고인을 가슴 속에 담고 일상에서 추모하는 것이 더 나은 방법 아닐까요?

몇 년 전 지방의 작은 도시로 강의를 가다가 신기한 광경을 보게 되었습니다. 도심 외곽에 큰 교회가 있고 그 곁에 장례식장이 있었습니다. 한 블록 건너에 보이는 곳은 작은 산부인과였고 그 옆에는 모텔이 있었습니다. 출생과 죽음, 사랑과 영혼이 숨 쉬는 곳이 한 곳에 모여 있더군요. 시스템 속에 갇혀 있으면 현재 자신의 위치를 알 수 없습니다. 돈으로 돌아가는 시스템 밖으로 나와 보시기 바랍니다.

돈에 대한 불안을 이겨내세요

현재의 소득 수준에 불만족하면 돈을 더 벌기 위해 노력하면 됩니다.
현재의 소득 수준에 만족하면 적게 소비하면서 자족하며 살면 됩니다.

돈 때문에 불안한 이유들이 있습니다

...

"불안은 가장 중요한 생존 시그널이다. 불안하기에 미래를 준비하고 염려하는 것이다. 불안 유전자가 없었다면 인류는 오랜 시간 동안 생존을 유지할 수 없었을 것이다. 그런 측면에서 불안과 고독은 결핍의 현상만은 아니다."

윤대현 서울대병원 교수의 말입니다. 저는 지금까지 다양한 사람들을 만나서 강의하고 상담하며 그들이 가진 공통된 생각 한 가지를 알 수 있었습니다. 그들 대부분은 미래의 경제적 상황에 대해 불안해한다는 것입니다.

윤대현 교수의 말처럼, 불안은 나쁜 것이 아니라 그것을 잘 활용하면 좋은 에너지로 작용하게 할 수 있습니다. 불안을 잘 활용할 수 있는 방법은 간단합니다. 경제를 이해하면 됩니다. 경제는 돈을 벌고 관리하고 소비하는 활동을 말합니다.

현재의 소득 수준에 만족하지 않는다면 돈을 더 벌기 위해 다양한 노력을 하면 됩니다. 현재의 소득 수준에 만족한다면 소득보다 적게 소비하면서 자족하며 살면 됩니다. 그러면 만족할 수 있고, 불안해하지 않아도 됩니다. 하지만 남들보다 더 노력하려니 힘이 들고, 덜 소비하려니 욕망의 크기가 줄어들지 않습니다.

먼저 돈에 관해 불안한 이유를 하나씩 살펴볼까요?

첫째, 질병과 사고의 위험에 대한 불안입니다. 누구에게나 언제든 사고의 위험은 존재하고, 나이가 들수록 질병의 위험은 커지기 마련이니 말입니다. 기혼자라면 질병과 사고의 위험은 본인뿐만 아니라 자녀에게도 존재합니다.

둘째, 실직에 대한 불안이 존재합니다. 세상의 변화 속도가 빠르고, 사람이 할 수 있는 일의 종류는 점점 줄어듭니다. 그로 인해 사라지는 직업과 직종이 갈수록 늘어납니다.

셋째, 노년에 소득이 없을 것에 대한 불안이 존재합니다. 나이가 들면 세상의 변화에 대한 이해도가 떨어지고, 소득활동을 할 수 없는 경우가 많습니다. 기력 또한 떨어지기 마련이라 할 수 있는 일의 종류가 점점 없어집니다. 고령화로 인해 오래 살아야 하는데 모아놓은 돈이 없다면 큰 위험이 될 것입니다.

넷째, 투자에 대한 불안이 존재합니다. 투자를 했을 때 잃을 것에 대한 불안과 투자를 하지 못하는 소심한 마음에 대한 불안이 상존합니다.

다섯째, 자녀에 대한 불안입니다. 지금 현재 본인도 경제생활 하기가 힘든데 자녀는 더 힘들지 않을지 걱정하게 됩니다.

불안을 이겨낼 수 있는 방법들

...

그럼 앞서 말한 불안의 이유를 하나씩 생각해보고, 나아가 해결할 수 있는 방법을 찾아봅시다.

첫째, 질병과 사고 위험에 대한 불안을 줄이려면 적게 먹고 운동하면 됩니다. 그것이 가장 좋은 방법입니다. 처음부터 일시에 바뀌지는 않겠지만 하나씩 방법을 살펴봅시다.

먼저 TV 시청 시간을 줄여 먹는 것에 대한 시각적인 욕구를 줄여야 합니다. TV라는 매체는 우리를 자극적인 음식으로 유혹합니다.

음식을 담는 그릇의 크기를 작게 하는 것도 좋습니다. 작은 그릇을 사용하면 적게 먹는 효과가 있습니다. 유행하는 다이어트도 추천하지 않습니다. 쉽게 빠진 몸무게는 원래대로 돌아오려는 성질로 인해 오히려 공복감을 더 키울 수 있습니다. 그로 인해 폭식을 하는 원인이 되기도 합니다.

 배가 고플 때만 먹는 습관을 들여야 합니다. 먹는 것의 원인은 여러 가지가 있습니다. 스트레스를 받거나 외로울 때 과식을 하는 경우가 많습니다. 가짜 공복의 느낌과 실제 배고픈 것과의 차이를 몸으로 이해해야 합니다. 공복감이 느껴지고 허기와 어지러운 증상이 있다면 실제 배가 고픈 것입니다. 음식을 천천히 먹는 습관을 들이고 평소에 물을 충분히 마시는 것이 좋습니다.

 포만감이 느껴지면 그만 먹는 습관을 들이세요. 우리는 본능적이기 때문에 눈 앞에 먹을 것이 있으면 무의식중에 과식하게 됩니다. 포만감의 느낌을 스스로 이해해야 음식을 절제할 순간을 알 수 있습니다.

 운동은 그냥 시작하면 됩니다. 어떤 목표, 말과 이유가 중요하지 않고 그냥 지금 시작하면 됩니다. 운동을 해본 사람은 운동의 의미와 즐거움, 상쾌함을 압니다. 하지만 한 번도 해보지 않았거나 중간에 포기한 사람은 운동의 어려움을 말합니다. "시간이 없어서" "회사일이 너무 많아서" "운동해봐야 뭐가 달라질까" 등등입니다. 이는 아직까지 건강의 소중함을 느끼지 못해서입니다.

 한 가지의 일이 습관이 되기 위해서는 오랜 시간이 필요합니다. 적게 먹고 운동하면 건강에 대한 불안이 사라집니다. 그러면 마음이 선순환됩니다. 불안해하지 않으니 또 다시 건강하게 운동할 수 있는 것이죠. 시간이 걸리더라도 우리가 달성해야 할 목표입니다.

질병이 아닌 사고의 위험 중 대부분은 운수사고입니다. 하지만 2017년 기준 운수사고 사망률은 전체의 1.8%밖에 되지 않습니다. 통계청 자료에 따르면 2016년에는 2.9%였는데 매년 줄어들고 있는 추세입니다. 언론에서 보도하는 과장된 자료로 운수사고 위험을 접하기 때문에 여러분은 불안한 겁니다.

또한 운수사고는 자동차보험으로 대부분 대비할 수 있습니다. 본인이 사고를 발생시킨 경우라면 자동차보험으로 처리할 수 있고, 사고를 당한 상황이라면 치료비용뿐만 아니라 실업에 대한 보상도 상대방에게서 받을 수 있습니다. 불안하거나 걱정할 필요가 없는 것입니다. 위험에 대해 명확하게 모르기 때문에 불안해합니다. 위험의 내용을 정확하게 이해하면 불안하지 않습니다.

둘째, 실직에 대한 불안은 세상 변화에 대한 흐름을 일상적으로 관찰함으로써 극복할 수 있습니다. 새로운 직업에 대한 흥미도 유지해야 합니다. 대중매체에서 정보를 자주 접한다고 해서 흐름을 알 수 있는 건 아닙니다. 우리가 노력한다고 해서 실직을 막을 수는 없겠지만 제2의 직업을 준비할 수는 있습니다. 일에 대한 편견을 내려놓고 어떤 일이든 창의적으로 접근해서 시도할 수 있다면 미래의 직업을 준비할 수 있습니다.

매년 새로운 치킨가게와 카페가 생겨나지만 누가 어떤 방식으로 운영하는가가 중요합니다. 두려워하지 않아도 됩니다. 익숙해지면 어떤 새로운 것도 낯설지 않게 됩니다. 시도하고 실패하고 또 다시 시도하는 과정의 반복이 결국에는 성공할 수 있는 경험이 될 것입니다.

셋째, 노년의 필요소득인 생활비와 의료비, 그리고 장례비를 중년 시점부터 준비하면 불안은 사라집니다. 우선 생활비는 노년을 시작하는 시점에 가지고 있는 재산에 따라 조정하면 됩니다. 얼마가 있어야 한다는 것이 아니라 어떻게 생활비에 맞추도록 내 삶을 조정할 것인가의 반대 개념입니다. 그런 생각을 중년 시점부터 실행하고 훈련해야 합니다. 막상 노년이 되어 생각을 바꾸기는 쉽지 않은 일입니다. 몇 년 또는 몇십 년 동안 반복해서 일상이 되도록 노력해야 합니다.

의료비는 젊어서부터 가입한 보험으로 충분하도록 보험 상품을 가입하고 유지해야 합니다. 경제활동을 하면서 어려운 시점이 와도 보험 상품을 해지하면 안 됩니다. 실손보험과 암 등 주요 질병에 대한 진단보험은 유지해야 합니다. 부자가 아니라면 더욱더 유지해야 합니다. 이 보험을 노년까지 유지할 수 있다면 의료비 부담은 거의 사라집니다.

장례비 또한 평균 2천만 원 정도가 필요합니다. 상조 서비스부터 장례식장 비용, 공원묘지 등을 포함해서입니다. 하지만 장례 절차와 상조 서비스와 고인을 모시는 추모관을 꼭 해야 하는지는 고민해보세요. 고인이 남겨놓은 재산의 범위 내에서 이용하면 됩니다. 누구나 해야 할 필요는 없습니다. 장례는 결혼과 더불어 허례허식이 가장 심한 분야입니다. 적은 비용으로 소중한 분들과 함께 꼭 필요한 형식으로 하는 것이 가족장입니다.

우리는 유족의 위안을 찾기 위해서 과장된 형식으로 장례를 진행합니다. 살아있을 때 부모에게 잘하면 됩니다. 형식은 중요하지 않습니다. 유골을 특정 장소에 보관하지 않아도 됩니다. 고인의 사진을 집에 모셔두고 고인이 생전에 자주 찾던 장소에서 기일에 추모하는 것이 고인을 기리는 현명한 방식 아닐까요? 그로 인해 장례비용 또한 대폭 축소될 수 있을 것입니다.

저는 제 어머님의 장례를 가족장으로 조용히 치렀습니다. 평온한 죽음과 조용한 장례가 고인의 뜻이기도 했고, 제 생각이기도 했습니다. 최근에는 구본무 LG그룹 회장도 가족장으로 장례를 치렀습니다. 앞으로 더 많은 사람이 장례의 형식보다 내용을 고민하고, 장지보다 마음으로 추모할 수 있는 방식으로 장례가 치러지리라 상상해봅니다.

넷째, 투자에 대한 불안이 사라지게 하려면 투자를 하지 않으면 됩니다. 부동산 투자나 주식 투자를 모든 사람이 할 필요는 없습니다. 위험을 감당할 수 있는 사람들만 투자하면 됩니다. 수익률이 높다 해도 원금의 규모가 크지 않으면 실제 벌어들이는 금액은 크지 않습니다. 자산이 일정 규모 정도 축적되어 있고, 돈의 흐름을 파악하고 있으며, 돈을 통제할 수 있는 사람만이 투자를 해야 합니다.

일정 규모의 자산이란 집에 대한 대출이 없고 미래에 필요한 노년자금을 매월 저축하고 있고, 자녀교육과 생활에 문제가 없는 수준의 돈을 제외한 자산을 말합니다. 그 규모가 1천만 원 이상이 아니라면 투자를 하지 마세요. 그렇지 않으면 매월 지출하지 않아도 될 금액을 적립식으로 펀드투자하세요. 그리고 나서 잊으면 성공합니다. 1년이 아니라 10년을 보고 투자하면 됩니다.

다섯째, 자녀에 대한 불안을 없애는 방법은 경제교육입니다. 과거에는 학업을 마치는 동안 교육비 지원을 할 수 있을 것인가가 불안의 전부였다면, 이제는 과연 우리 자녀가 취업을 해서 스스로 밥벌이를 할 것인가로 불안의 범위가 깊어졌습니다. 그 불안을 해결하려면 자녀에게 어려서부터 경제교육을 진행해야 합니다.

돈에 대한 올바른 태도에서부터 용돈관리 훈련까지, 초등학교에서부터 중학교 기간 동안에 경제교육을 습관화시킬 수 있으면 불안의 상당 부분이 해소됩니다. 자녀가 학업을 마치고 어떤 일을 하든, 얼마를 벌든 걱정하지 않아도 됩니다. 돈에 관한 통제력이 있다면 말입니다. 구체적인 자녀 경제교육에 관한 부분은 5장에서 서술하겠습니다. 자녀 경제교육에 관한 상세한 내용이 궁금하다면 제 저서 『경제습관을 상속하라』를 참고하세요.

쉽게 들어온 돈은 쉽게 나갑니다

쉽게 번 돈은 쉽게 생각하게 됩니다. 돈은 땀 흘리고 노력해서 얻어야 합니다.
그러면 돈의 소중한 가치를 알게 되어 값지게 사용할 수 있습니다.

어떻게 투자는 시작될까요?

...

평범한 주부 A가 주변 친구의 이야기를 듣고 주식 투자를 통해
1,500만 원 가량을 벌었습니다. 한 달도 안 돼서 말입니다. 우연
치 않게 들은 정보로 인해 큰 수익이 발생했는데, 스스로의 능력
이라는 착각이 들기 시작합니다. 겁이 없어지는 것입니다.

그래서 또 다시 다른 종목에 투자했습니다. 하지만 그 종목은
시간이 지나도 수익은커녕 점점 가격이 떨어지기 시작합니다. 기
다릴 수가 없어 팔아버리고 다른 종목에 투자했습니다. 이번 주
식은 짧은 시간에 이익이 나서 팔아버리고 또 다른 종목을 찾습

니다. 여의도에서 매주 열리는 주식 투자 설명회도 가보고, 인터넷으로 높은 비용을 부담해야 하는 동영상 서비스에도 가입해 투자 정보도 매일 꾸준히 듣습니다.

하지만 이상하게 주식 투자를 처음 했을 때처럼 수익이 나지는 않습니다. 이리저리 수백 번 종목을 바꾸고, 새로운 투자수단으로 왔다 갔다 하는 사이에 처음 벌었던 돈을 거의 잃게 되었습니다. 이런 날들이 오랜 시간 이어졌고, 정신을 차려보니 10년이란 세월이 흘렀습니다. 주식 투자에 빠져 있던 시간은 남편과의 일상적인 사랑과 자녀에게 헌신할 수 있는 소중한 기회를 잃게 만들었습니다. 돌아보면 돈을 많이 벌지도 못했습니다. 정신없이 살아왔던 그 소중한 세월만 사라졌을 뿐입니다.

TV에 출연한 전문가가 "지금 집을 사지 않으면 후회한다"라고 말한 데 자극받아 평범한 주부 B는 처음으로 동네 인근에 있는 모델하우스를 방문했습니다. 화려하고 예쁘게 꾸며진 이미지에 혹해 덜컥 분양계약을 하고 말았습니다. 현재 살고 있는 집을 팔고, 그동안 절약하며 모아둔 예금과 비상금을 모두 찾고, 부족한 자금은 대출을 받아 새 집으로 이사 갔습니다. 한 달 정도는 행복하다고 느꼈습니다. 하지만 그 다음부터는 앞으로 갚아야 할 대출금 때문에 잠이 제대로 오지 않았습니다.

다행히 2년 정도 시간이 지나니 집값이 1억 5천만 원이나 올랐습니다. 아이들의 학교를 옮기는 것 때문에 잠시 망설였지만 집을 팔아 수익을 남겼습니다. 그 후부터 소형 아파트투자를 위해 집을 보러 다니기 시작했습니다. 마침 남편의 사업도 잘될 때였습니다. 결국 한 번의 성공으로 들어온 종자돈은 몇 년의 시간을 거치며 잦은 실패와 수수료와 비용으로 모두 날아갔습니다. 지금은 남편의 사업도 힘듭니다. 그때 TV에서 전문가라는 사람의 말을 듣지 않았으면 어땠을까 생각해봅니다.

과정에서 잃을 수 있는 시간이 중요합니다
...

"모두가 그렇지 않을 겁니다. 실패 사례는 일부일 뿐이고 대부분은 성공합니다"라고 우리는 믿습니다. 우리는 우리가 믿고 싶은 것만 보니까 말입니다. 제가 말하고 싶은 것은 성공과 실패가 아닙니다. 과정을 생각해야 한다는 이야기입니다. *결과는 순간이고, 과정은 삶 자체입니다. 그 과정에서 우리에게 주어진 한정된 시간을 어떻게 보내느냐가 중요합니다.* 무엇을 위해 어디에 집중하며 살 것인가가 핵심입니다.

최근 3년 동안 세 분의 부모님이 돌아가셨습니다. 장인어른과 장모님도 제게는 부모님이라 생각되기에 두 분을 포함해 어머님까지 세 분께서 모두 암으로 돌아가셨습니다. 그 일들을 겪으면서 슬픔이라는 감정 이외에 제가 느낀 것은 '삶의 덧없음과 유한함'입니다. 유한함에 대한 절박한 인식은 무한할 것 같은 현재를 다르게 볼 수 있도록 만들어 주었습니다. 부모님이 돌아가신다는 것은 살아남은 자녀에게 인생의 의미를 깨닫게 해주는 놓칠 수 없는 소중한 기회입니다.

부모는 죽는 그 순간까지 자식에게 생각할 수 있는 시간을 제공해주는 존재입니다. 부모가 아닌 그 누구의 죽음이 인생을 돌아볼 수 있게 할까요? 누구나 죽는다는 전제하에 우리는 하루하루를 살아갑니다. 삶이 유한하지 않다면 우리는 좀 더 다른 생각으로 살아볼 수 있을지 모릅니다. 하지만 우리는 공평하게도 모두 죽습니다. 부자나 가난한 사람이나 말입니다. 그래서 돈이 삶에서 중요하지 않다는 사실을 깨닫게 해줍니다.

누군가는 반대로 생각합니다. '모두 죽는다는 전제하에 하루하루를 살아야 한다면, 그 순간을 최대한 즐기는 게 옳지 않을까?' 맞는 말입니다. 하지만 안타깝게도 인간은 욕망을 성취하는 횟수가 반복될수록 그 욕망에 대한 만족도가 떨어집니다. *하나의 욕망을 달성하면 또 다른 욕망이 생겨나고, 그로 인해 행복감은 떨어지게 마련입니다.* 그게 인간입니다.

맛있는 음식을 먹으면 순간 행복해지지만 시간이 지나면 또 다른 맛있는 음식을 찾습니다. 좋은 가방을 사거나 마음에 드는 고가의 시계를 구매하면 또 다른 가방과 시계가 눈에 들어오고 그것만 보입니다. 그 물건을 사기 전까지는 관심이 없던 상품인데도 말입니다. 만족감의 끝은 구매할 돈이 없어져서야 사라집니다.

내 지갑에 돈이 있는 한, 욕망은 멈추지 않습니다.

많은 사람들이 부자들이 누리는 생활을 꿈꾸기는 하지만, 그렇게 살 수 없다는 것도 잘 알 거라고 생각합니다. 또한 그들이 과연 얼마나 행복해하며 살고 있을지 알 수도 없습니다. 그들은 그렇게 사는 삶이 일상입니다. 우리가 바라보는 그것이 행복의 기준이 아니라는 말이죠. 그들이 생각하는 100억 원에 대한 고민과 평범한 사람이 생각하는 100만 원에 대한 고민의 깊이가 다르다고 누가 말할 수 있습니까?

중요한 점은 현재의 자산과 소득 수준에서 만족하는 법을 배워야 한다는 것입니다. 부자든 가난한 자든 말입니다. 우리 집 창문 너머에 내가 알지 못하는 행복이 있을 거라 상상하기 때문에 우리는 불행합니다. 그것을 현재의 수준에서 달성할 수 없다고 생각하기 때문에 부자를 꿈꾸게 되고, 부자가 되는 것은 당연히 어렵기 때문에 한탕주의를 꿈꾸게 되는 겁니다. 악순환의 고리를 끊는 것의 시작은 만족일지도 모릅니다.

쉽게 번 돈은 쉽게 생각하기 때문입니다

...

돈은 땀 흘리고 노력해서 얻을 수 있을 때에만 그 가치를 알게 되고, 소중하게 쓰일 수 있습니다. 쉽게 벌게 된 돈은 쉽게 써집니다. 가장 큰 이유는 쉽게 생각하기 때문입니다. 모든 것이 쉽게 보이는 것입니다. 취업이 되지 않아 수십 번의 이력서를 작성해본 사람들은 직장생활의 고마움을 알게 됩니다. 장사를 하다가 실패를 해본 사람들은 어렵게 꾸려가는 하루하루지만 손님이 있다는 것만으로도 만족합니다.

그건 누가 가르쳐주는 것이 아니라 경험에 의해 스스로 깨닫게 되는 것입니다. 투자의 위험성은 거기에 있습니다. 여러 가지 우연으로 인해 돈을 쉽게 벌 수도 있다는 사실을 경험하고 착각하게 합니다. 젊은 사람이든 나이가 든 노년이든 똑같습니다. 그러므로 몸이든 정신이든 노동으로 인해 어렵게 돈을 버는 것과는 별개로 투자를 할 때는 이 사실을 반드시 염두에 두어야 합니다. 쉽게 들어온 돈은 쉽게 나갈 수 있다는 것을 말입니다.

현재의 자산과 소득 수준에서 만족하는 법을 배워야 한다는 것입니다. 부자든 가난한 자든 말입니다. 우리 집 창문 너머에 내가 알지 못하는 행복이 있을 거라 상상하기 때문에 우리는 불행합니다.

돈 문제를 구체적인 숫자로 표현하세요

돈 문제는 추상적인 감정이 아니라 숫자로 표현할 때 해결할 수 있습니다.
숫자를 볼 수 있어야 비교할 수 있고, 현실을 직시할 수 있습니다.

돈은 구체적인 숫자입니다

...

돈은 숫자로 표현할 수 있습니다. 추상적이거나 감각적일 수 없습니다. 돈을 숫자로 표현한다는 것은 현실을 직시할 수 있다는 것입니다. *걱정이나 불안이 아니라 해결 가능한 문제로 인식한다는 이야기입니다.* 호주의 존 암스트롱이라는 교수가 쓴 『인생학교, 돈』이라는 책에서는 돈에 관한 훌륭한 관점을 제시합니다. 돈 문제와 돈 걱정의 차이를 정의했는데 다음과 같이 이야기합니다.

　돈 문제는 현재의 구체적인 것, 반면 돈 걱정은 일어나지 않았거나 일어난 것에 대한 감정을 의미한다는 겁니다. 돈 문제는 현재 일이 발생해서 해결해야 할 일입니다. 예를 들어 자동차가 고장나서 수리를 해야 한다면 지금 문제가 발생한 것이지요. 해결해야 할 돈 문제입니다. 반면 돈 걱정은 경제적인 문제라기보다는 심리적인 문제에 가깝고 은행 잔고의 문제라기보다는 우리의 정신에 관한 문제입니다. 우리가 돈 문제라고 느끼는 상당 부분은 돈 문제가 아니고, 돈 문제라고 느낄 뿐입니다.

우리가 고민하는 것의 대부분은 돈 문제가 아니라, 돈 걱정이라는 이야기죠. 돈 걱정을 해결할 수 있는 방법은 앞서 말한 걱정 또는 불안의 이유를 정확하게 이해하고, 그 불안의 원인을 하나씩 해소하는 겁니다. 구체적인 방법은 걱정 대신 계획하는 것입니다.

돈에 대한 미래의 불안을 감정적인 방식이 아니라 구체적인 숫자로 표현하고 이야기할 때 우리는 걱정하기보다 계획할 수 있습니다. 반대로 현재 발생하고 있는 돈 문제를 해결하는 방식은 그 문제의 근원을 알아내서 해결하는 것입니다.

우리는 일반적으로 돈에 관한 문제가 발생했을 때 자신이 가지고 있는 돈의 양에 따라서 문제를 해결할 수 있다고 생각합니다. 문제의 본질을 보지 못할 수 있다는 말입니다. 쉽고 구체적인 예를 들어보겠습니다.

15년 된 낡은 차량의 엔진이 고장나는 일이 발생했습니다. 엔진 수리비는 200만 원으로 적지 않은 금액입니다. 돈 문제가 발생한 것인데, 이 문제를 해결하는 방법은 2가지입니다. 하나는 고액의 수리비를 들여서 이 차를 고치는 것, 다른 하나는 차를 폐차하고 새 차를 구매하는 것입니다.

대부분의 사람들은 이 문제를 돈의 많고 적음에 따라 해결하려 할 것입니다. 만일 돈이 많은 사람이라면 이번 기회에 차를 폐차하고 새 차를 구매하려고 할 것입니다. 수중에 돈이 넉넉히 있고 차량 자체가 오래되었기 때문에 차를 고치는 비용보다는 현명하다고 생각할 수 있습니다. 반대로 돈이 없는 사람이라면 무조건 차를 수리해서 타고 다니려 할 것입니다. 고액의 수리비용이 들더라도 그 비용이 새 차를 구매하는 비용보다는 훨씬 적게 들기 때문입니다. 이것이 돈에 관한 문제가 생겼을 때 돈으로 해결하려는 일반적인 생각들입니다.

하지만 올바른 해결 방식은 따로 있습니다. 이 차를 수리해서 타고 다닌다면 어느 정도의 기간 동안 더 타고 다닐 수 있는지 비용대비 효과를 기준으로 생각해보고, 새 차를 구매할 때 드는 비용과의 비교를 통해 의사결정을 해야 합니다.

돈이 많이 있는 사람이 기존에 타던 노후된 차를 폐차하고 새 차를 구매할 경우를 생각해봅시다. 만일 기존 차량을 수리한 후 탈 수 있는 기간이 길다면 새 차를 구입하는 데 드는 비용은 불필요한 것입니다.

반대로 돈이 없는 사람의 경우에는 새 차 구매보다는 기존 차를 수리해서 사용할 확률이 높을 것입니다. 그런데 막상 수리를 했더니 얼마 되지 않아 다시 고장이 나서 폐차를 해야 된다면 결국 수리비가 불필요했던 것입니다. 어차피 폐차해야 될 수준의 차를 고가의 수리비용까지 들이고 결국 새 차를 구매해야 하기 때문입니다. 즉 지출하지 않아도 될 비용을 추가로 지출했다는 말입니다.

돈 문제는 숫자로 표현될 때 해결할 수 있습니다

...

돈 문제는 구체적인 숫자로 표현해야 해결할 수 있습니다. '대출이 많은데 앞으로 조금씩 갚아야지' '10년 후에 자녀의 교육자금이 필요한데 생활비를 줄여서 조금씩 투자해야지'가 아니라 '올해는 대출을 1,200만 원 줄여야겠다. 10년 후에 자녀 대학자금이 4천만 원 필요한데 지금부터 매월 30만 원씩 저축해야겠다. 30만 원씩 추가로 저축하려면 식비에서 10만 원을 줄이고 통신비에서 10만 원, 보험료에서 10만 원을 줄여서 충당해야겠다'라고 숫자로 표현해야 합니다.

하얀 백지에 볼펜으로 계산해서 적어보든, 컴퓨터의 한글이나 엑셀 프로그램으로 계산해보든 눈으로 볼 수 있도록 해야 합니다. 숫자로 표현되고 보여질 때 합리적으로 계산해보고 비로소 대안을 만들 수 있습니다.

숫자로 표현되지 않고 막연하게 상상한다면 돈 문제는 걱정이 되고 불안이 됩니다. 감정적으로 되고, 그 감정은 긍정적인 느낌보다는 부정적인 감정으로 이어질 확률이 높습니다. '자녀가 10년 후에 대학을 갈 건데 모아놓은 돈이 없네. 20년쯤 지나면 우리 부부도 은퇴해야 하는데 그 돈은 또 어떡하지? 돈을 많이 벌지 못하니 우울하네'라고 생각하게 된다는 말입니다. 돈 문제를 숫자로 표현하는 훈련을 해야 하는 이유입니다.

돈에 대한 다른 방식의 삶을 실천하면 됩니다
...

돈이 없어서 차를 사지 않는 것이 아닙니다. 돈이 없어서 집을 사지 않는 게 아닙니다. 타인과 비교하며 느끼는 우월감이 사라졌기 때문에 비싼 차량을 구매하지 않아도 됩니다. 광고와 마케팅에 의해 특정 브랜드에 중독되었다가 이성을 찾고 냉정해졌기 때문에 집과 차를 사지 않는 겁니다.

기술의 발전으로 차를 공유할 수 있는 시대가 되었습니다. 집을 소유할 수 있는 돈으로 전 세계를 여행하며 살 수 있는 세계화 시대가 되었습니다.

편리함은 인간이 유익하게 활용할 수 있을 때 좋은 것이 됩니

다. 편리함에 의해 인간의 생각이 조종당할 수 있다면 불행해지는 것입니다. 불편하다고 불행한 것이 아닌 것처럼 편리하다고 마냥 행복한 것은 아니라는 말입니다.

숫자는 그래서 중요합니다. 숫자를 볼 수 있어야 비교할 수 있고, 비교할 수 있어야 우열을 가릴 수 있습니다. 그래야 현실을 직시할 수 있습니다.

돈을 가치중립적인 수단으로 생각하세요

돈에 관해 올바른 태도가 나를 매력적인 사람으로 만듭니다.
돈을 가치중립적인 수단으로 생각했으면 합니다.

돈으로 사람을 평가하지 마세요

...

돈으로 사람을 평가하고 돈으로 사람을 모욕하는 경우는 돈을 많이 가지고 있기 때문은 아닙니다. 가난한 사람이 모두 착한 사람이 아니듯, 부자가 모두 나쁜 사람은 아닙니다. 당연한 이야기지만 사람들은 대부분 이런 점을 잘 알지 못합니다.

돈으로 타인에게 모욕감을 주고, 돈이 많으면 무엇이든 할 수 있다고 착각하는 사람은 돈을 목적으로 살아왔거나 자신을 돈에 대상화시켰기 때문입니다. 돈을 많이 버는 것이 목적인 사람은 그것이 전부입니다. 과정이든 사람이든 중요하지 않습니다.

더군다나 그렇게 살면서 성공까지 했다면 더욱 무서운 겁니다. 돈이 목적이었는데 성취까지 했으니, 돈이 목적이 아닌 사람과 돈을 벌지 못하는 사람들이 얼마나 이해되지 않을까요?

스포츠의 세계를 보면 제가 하는 말을 이해할 수 있을 겁니다. 대부분의 훌륭한 감독들은 선수 시절에 대단한 선수가 아니었습니다. 스스로 대단하지 않다보니 선수 시절에 많은 생각을 하게 되고, 밥벌이를 위해 스포츠가 아닌 다양한 것에도 두루 관심을 가지고 경험합니다. 열심히 하지만 성공하지 못하는 선수들을 이해하는 마음도 진심으로 생깁니다. 반면에 성공한 선수들은 세상에 노력해서 안 되는 일은 없다고 생각합니다. 본인이 엄청난 성취의 경험을 가지고 있고, 본인 스스로 엄청난 노력을 했기 때문입니다.

스포츠뿐만 아니라 세상의 모든 일들을 열심히 노력하면 성공할 수 있다고 믿습니다. 그러다보니 실패하는 사람은 더 노력하지 않아서라고 생각하기 쉽습니다. 타인을 고려하기보다는 자신의 성취를 더 중요하게 느낄 것입니다. 물론 모두 그렇다는 이야기는 아닙니다.

돈을 기준으로 사람을 평가하는 것은 노력하면 무엇이든 다 얻을 수 있다는 가치관과 같습니다. 부모가 자녀의 학업을 평가하면서 결과가 나오지 않으면 "왜 노력을 하지 않느냐"고 섣부르게 말합니다. 부모는 과연 본인의 일을 잘하기 위해 노력했지만 결과가 나빴던 적이 없습니까? 돈을 더 벌기 위해 남들보다 덜 자고 더 노력했지만 결과가 나빴던 경험이 분명히 있었을 겁니다. 돈으로 사람을 평가하는 것은 학업 능력으로 사람을 평가하는 것과 유사한 것이고, 돈이 없는 사람을 모욕하는 것은 돈이 많으면 훌륭하다고 생각하는 것과 같습니다.

돈이 수단이라면 돈은 가치중립적인 것이 됩니다
...

삶에서 돈이 목적이 아니라 수단이라면, 돈이라는 수단으로 어떻게 삶을 더 풍요롭게 할 것인가를 고민해볼 수 있습니다. 돈이 많다는 것은 나에게 정신적인 여유를 줄 수 있습니다.

돈이 많다면 당장 돈에 관해 너무 많은 고민을 하지 않아도 되고, 돈 걱정을 하지 않아도 됩니다. 궁핍하지 않음으로 인해 보다 나은 모습과 건강한 이미지를 타인에게 줄 수 있습니다. 직장을 다니면서 사람과의 관계에 집착하거나 직위에 연연하지 않아도 되고, 타인에게 도움이 필요하면 적당한 수준에서 호의를 베풀 수도 있습니다. 그로 인해 호감 가는 사람이 될 확률도 높아질 것입니다.

하지만 돈은 나를 보여주는 유일한 것이 아니라 수많은 것들 중에서 하나일 뿐입니다. '매력 자본'이란 개념이 있습니다. 영국 정경대학교 사회학과 교수인 캐서린 하킴은 그녀의 저서 『매력 자본』에서 "본인이 가지고 있는 자신만의 매력이 경제력이 될 수 있다"고 말합니다.

그녀가 말한 것은 외모의 우월함뿐만이 아니라 유머 감각, 긍정적인 성격, 타인의 호감을 살 수 있는 화법, 건강한 몸 등 개인이 노력해서 만들 수 있고 개발할 수 있는 것들입니다. 돈은 본인의 매력 자본 가운데 하나일 뿐입니다.

잘생긴 사람이 남들보다 유리한 장점 하나를 가지고 있듯이 돈을 많이 가진 것도 같은 개념입니다. 잘생겼지만 인상이 무섭거나 친절하지 않다면 잘생겼다는 그 자본이 무슨 도움이 되겠습니까. 오히려 잘 생기지는 않았지만 친절하고 교양 있는 인상을 가지고 있다면 그 사람을 더 좋은 사람으로 기억할 수 있을 것입니다. 돈을 많이 가지고 있지만 거만하다는 느낌을 준다면 돈을 많이 가졌다는 그 자본이 오히려 그 사람에게 독이 된 것일 수도 있습니다.

친절하고 교양 있으며 돈에 관한 올바른 태도를 가지고 있는 사람은 매력 자본이 하나 더 있는 사람입니다. 그가 지닌 그 생각들로 인해 돈은 적절한 시점에 적절하게 쓰여질 수 있습니다. 많고 적음이 아니라 필요한 시점에 필요한 만큼 지출되는 겁니다.

그가 지출하는 내역은 빈틈이 없으며, 가진 재산의 범위 내에서 자신의 소득 수준으로 훌륭하게 살아갈 것입니다. 그런 사람들이 많아지면 괜찮은 사회가 될 것입니다.

돈은 우리 사회를 건강하게 만드는 촉진제일 뿐, 돈이 우리의 생각과 생활을 지배하는 것이 되면 안 됩니다. 노력하고 능력이 있는 사람이 많은 돈을 버는 것은 당연하지만, 그렇지 않은 사람이 차별받거나 기본적인 생활을 할 수 없는 사회가 되어서는 안 될 것입니다. 돈을 가치중립적인 수단으로 생각하기 바랍니다.

돈에 대한 좋은 태도를 가진 사람과 관계를 맺으세요

돈에 대해 나쁜 태도를 가진 사람들은 멀리하는 것이 좋습니다.
그들은 우리 인생을 위험한 방향으로 끌고 갈 수 있습니다.

좋은 사람은 돈에 관한 좋은 태도를 가진 사람입니다

...

결국은 사람입니다. 여러분이 아무리 좋은 생각을 가지고 살더라도 좋은 사람과 교류하지 않으면 흔들릴 수 있습니다. 앞서 말했듯이 여러분의 올곧은 마음을 흔드는 것이 너무 많은 시대입니다. 다양한 곳에서 다양한 방법으로 여러분의 주관적인 생각을 침범합니다. 그 유혹을 이겨내는 가장 좋은 방법은 좋은 가치관을 지닌 사람과 관계를 맺고 사는 것입니다.

저도 나이가 들어갈수록 좋은 관계에 대한 중요성을 느낍니다. 젊었을 때는 많은 사람과 다양한 관계를 맺을 수 있습니다. 물론 저도 그렇게 했습니다. 자신의 생각과 다른 의견도 들어보고, 다른 직업을 가진 사람들의 이야기도 경청하면서 세상을 보는 시야를 넓히는 겁니다. 하지만 나이가 들수록 다른 생각을 가진 많은 사람과의 교류보다는 비슷한 생각을 가진 소수의 사람과 교류하며 살아도 무방합니다. 사람의 생각은 쉽게 변하지 않기 때문에 다른 생각을 가진 사람과의 토론과 대화가 유익한지 고민해봐야 합니다.

오히려 서로에게 도움이 되지 않을 수 있습니다. 이것은 정보의 이야기가 아닙니다. 정보는 나이가 들어도 다양하고 새로운 정보를 얻어야 하겠지만 사람과의 관계는 다르다는 말입니다. 나이가 들수록 특별한 사람이 아니고서는 자신의 생각을 바꿀 의향이 없습니다. 고집이 센 사람과의 대화와 토론은 서로를 힘들게 할 수 있습니다. 본인의 생각과 다른 사상이나 정보를 굳이 다른 생각을 가진 사람을 통하지 않고도 얼마든지 얻을 수 있습니다. <u>스스로에게 의지만 있다면요.</u>

불교에서 사용하는 용어인 '도반'이라는 말이 있습니다. 이 단어는 함께 수행하는 벗을 의미합니다. 살아온 세월이나 나이를 중요시하지 않고 같이 공부하며 서로의 생각을 깊이 있게 교류하는 관계를 말합니다. 함께 세상의 이치를 알아갈 수 있습니다. **노년이 될수록 도반과 같은 관계가 있다면 정신적으로 여유롭게 시간을 보낼 수 있을 것입니다.**

저도 한번 생각해봤습니다. 제가 청소년 시절부터 많은 돈을 벌거나 명예를 얻는 것보다 좋은 사람을 만나고 좋은 관계를 맺는 것이 중요하다는 것을 어른들에게 듣거나 사회 초년생 때 깨달았다면 아마 지금보다 더 풍요로운 시간들을 보내지 않았을까 하고 말입니다. 물론 지금이 늦었다는 말은 아닙니다.

우리 주위에는 나쁜 사람도 참 많습니다. 범죄 드라마에 나오는 악한 사람이 아니라 돈과 관련된 나쁜 태도를 가진 사람을 말합니다. 사람을 모욕하는 수단으로 돈을 이용하는 사람, 돈 걱정에 관해 불안한 이야기를 지속적으로 떠드는 사람, 나라 경제에 대해 절망적인 이야기만 하는 사람, 자신의 성공과 실패를 과장되게 말하는 사람, 불필요한 금융상품을 판매하려 하거나 그런 투자를 부추기는 사람 등 그들은 우리 인생을 위험한 방향으로 끌고 갈 수 있습니다.

이런 유형의 사람들과는 관계를 맺지 마세요

...

여러분의 주위에 돈으로 사람을 평가하는 사람은 없어야 합니다. 돈이 많고 적음으로 사람을 판단하는 지인이 있다면 그런 사람과는 관계를 끊어야 합니다. 끊을 수 없는 관계라면 좋은 방향으로 대화를 유도하거나 만남의 횟수를 줄여야 합니다. 돈 걱정 때문에 잠을 자지 못하는 사람과도 교류를 하지 않는 것이 좋습니다.

돈 문제가 아니라 돈 걱정에 사로잡혀 있다는 것은, 현실을 제대로 직시하지 않고 감정적인 상태로 경제생활을 하고 있다는 겁니다. *미래에 대한 불안을 가지고 있으나 현재의 상황을 바꿀 의사도 없습니다.* 막연히 미래를 두려워하고 현재의 경제적 상황을 하소연할 뿐, 돈 문제를 개선할 의지가 없다보니 상황은 더 악화되기 마련입니다.

나라경제에 대해 불안한 말을 쏟아내는 사람들이 있습니다. 정확한 근거나 정보가 있는 게 아니라 유튜브나 종편채널 등을 통해 시각이 편향된 사람들의 말만 듣고 전달합니다. 자신의 생각이 아니라 타인의 생각을 모두 받아들입니다. 정부에 대한 비판은 필요합니다. 하지만 일방적인 생각으로 비관적인 말들을 쏟아내는 사람이라면 전문가도 아닙니다. 생각의 균형을 유지하는 것이 중요합니다. 어떤 생각을 가지고 있든 지나치게 확정적인 사람도 조심해야 합니다. 숨겨진 목적이 있을 수 있기 때문입니다.

자신이 경제생활을 하며 경험한 성공이나 실패를 과장되게 말하는 사람이 있습니다. 그로 인해 세상에 대한 잘못된 인식을 공유하게 되거나 현실을 바로 보지 못하는 결과를 초래할 수 있습니다. 물론 성공의 경험을 통해 자존감을 높이려 하거나 실패를 통해 위로를 받기 위한 것이라면 크게 문제가 되지는 않습니다. 하지만 상품이나 서비스를 판매하기 위해서라면 면밀하게 생각해봐야 합니다.

경제생활을 하며 불필요한 상품에 가입하는 경우는 꽤 많습니다. 인터넷이나 TV홈쇼핑, 최근에는 모바일로도 상품을 구매합니다. 이런 매체를 통해 상품을 판매하는 사람들의 기술 또한 대단히 발전해서 우리 스스로 충동적인 소비를 자제할 수 없게 만듭니다. 특히 금융상품은 용어가 어렵고 복잡하기 때문에 이런 매체를 통해 가입해서는 안 됩니다.

용어가 어렵고 생소하기 때문에 펀드 보험 등의 금융상품을 판매하는 사람들의 윤리는 매우 중요한데, 그들이 제공하는 정보는 일방적이거나 과장되기 마련입니다. 그래서 이런 말이 있습니다. 주변 지인 중에 보험설계사가 있으면 인생의 생로병사를 모두 보험 상품으로만 하게 되고, 증권사 직원이 있으면 자산의 대부분을 주식이나 펀드로 구성하고, 은행 직원이 주위에 있으면 펀드·보험·신용카드·대출까지 본인이 금융상품백화점이 되어 있다는 말입니다.

주위에 금융상품을 판매하는 사람이 있다는 건 장점일 수 있습니다. 믿을 만한 사람이라는 전제조건은 물론이고 거기에다 능력도 있으면 더 좋을 것입니다. 하지만 일반적으로 능력 있고 신뢰할 만한 전문가는 서민 곁에 없습니다. 그렇다면 멀리 하는 것이 가장 좋은 방법입니다. 물론 믿을 수 있고 능력 있는 사람이라면 가까이 해야 하며, 그건 여러분이 선택해야 합니다.

자녀 경제교육의 핵심은 돈의 통제력을 키워주는 것입니다. 돈은 통제하는 것이지 관리하는 것이 아닙니다. 자신의 소득 범위 내에서 적절하게 소비하며 행복하게 사는 것이죠. 자녀에게 경제교육이 아니라 어려서부터 경험해보고 습관으로 만들어지게 하는 경제훈련을 해야 합니다. 투자에 대한 올바른 생각을 갖게 하고, 빚에 대한 경각심을 일깨워주는 것 또한 경제교육에서 중요합니다. 젊은 시절에 창업을 꿈꾸기보다는 사회생활을 경험한 후 창업하는 것이 성공 확률이 높다고 자녀에게 교육해야 합니다.

경제교육이
자녀의 미래를 결정합니다

경제교육의 핵심은
돈에 대한
통제력입니다

자녀를 위한 경제교육을 할 때 가장 중요한 것은
돈을 통제할 수 있는 시스템을 만들어주는 것입니다.

자녀에게 돈을 통제할 수 있는 시스템을 만들어주세요

...

자녀 경제교육에서 가장 중요한 키워드이자 핵심은 돈에 대한 통제력입니다. 제가 오랜 시간 경제와 관련된 일을 하며 깨달은 것입니다. 돈을 많이 벌거나 적게 벌거나, 직업을 통해 성공을 했든, 투자를 통해 부자가 되었든 돈을 통제할 수 있는 능력이 행복한 경제생활을 할 수 있도록 해줍니다.

30여 년 전, 제가 어렸을 때는 돈에 관해 배울 수 있는 기회가 없었습니다. 지금 생각하면 오히려 다행인 것도 같습니다. 반면 지금은 우리 자녀들이 돈을 너무 자주 쉽게 접하고 있습니다.

유명 포털사이트에서는 아예 돈과 관련된 항목을 만들어 매일 매일 재테크 정보를 볼 수 있습니다. 정보의 접근성이 좋아지고 수많은 정보의 양이 도움이 되는 건 그 정보를 선별할 수 있는 능력이 전제되어야 한다고 앞서 말했습니다. 하지만 학업을 마치고 일정 기간 동안 경제생활을 경험한 어른도 그 정보를 선별할 능력이 부족한데 우리 자녀는 말해봐야 무엇하겠습니까?

스마트폰과 SNS의 발달로 우리 자녀들은 어려서부터 아주 쉽게 돈을 접하고 이야기합니다. 거리낌 없이 돈에 대한 정보를 수용하는 것입니다. 문제는 대중매체에서 전달하는 돈에 관한 정보는 유명 연예인이나 운동선수 등 부자들에 관한 것이 많고, 현실의 부모들은 대부분 평범한 직장인이라는 겁니다. 선망하는 소득 수준과 현실의 간극이 너무 크다는 방증입니다. 이 차이를 해소해줄 수 있는 방법이 어려서부터 돈에 대한 통제력을 키워주는 겁니다. 성인들의 돈 관리 시스템처럼 유용한 방법을 만들고 자녀들을 그 시스템으로 훈련시키는 겁니다.

제가 강의를 통해 만난 부모들의 대부분은 자녀에게 용돈을 정기적으로 주지 않았습니다. 그 이유는 '자녀가 용돈을 한꺼번에 써버리지 않을까'라는 우려 때문입니다. 왜 그런 생각을 하게 된 걸까요? 그것은 부모들 스스로가 돈에 관한 통제력이 없기 때문입니다. 본인이 효과적으로 돈을 통제하는 사람이라면 자녀에게도 통제력을 배울 수 있는 수단인 용돈 지급을 하지 않을 이유가 없습니다.

반대로 자녀들은 용돈을 정기적으로 받지 않으니 돈을 통제하는 훈련을 할 수 있는 소중한 기회를 놓치게 되는 겁니다. 돈이 필요할 때마다 부모에게 이야기해야 하니 돈은 불편하고 싫은 것이 되어버리고 맙니다.

효과적으로 훈련할 수 있는 용돈 관리 시스템

...

용돈에 관해 부모와 자녀가 서로의 생각을 이야기하지 않고 정기적으로 주고받는 것에 서로 합의하지 않으면 경제교육을 시작조차 할 수 없습니다. 저의 책 『경제습관을 상속하라』를 집필하며 고민했던 용돈관리 시스템을 말하려 합니다. 성인들의 돈 관리 시스템을 모방해 자녀들에게 용돈교육을 효과적으로 할 수 있게 만든 것입니다. 그 시스템을 자세히 소개하겠습니다.

먼저 중학교 3학년인 자녀에게 한 달 4만 원의 용돈을 준다고 가정해봅시다. 매월 지정한 날짜에 현금으로 3만 원을 줍니다. 용돈 지급일은 부모의 급여 수령일이나 매월 말일 등 부모가 관리하기 편한 날짜로 지정하면 됩니다. 그리고 나머지 1만 원은 자녀 명의로 개설한 은행 입출금통장에 자동이체로 입금해줍니다. *이 통장을 저축통장이라 부릅니다.* 이렇게 하는 이유는 자녀가 소득 중에서 일부를 먼저 저축하고 소비하는 습관을 훈련하기 위해서입니다.

부모가 용돈의 일부를 저축통장에 입금하고 나머지 용돈으로 생활하도록 훈련시킨다면, 자녀는 현금으로 한 달 동안 소비하며 사는 것에 익숙해집니다. 저축통장의 존재 자체도 잊어버리게 되고, 얼마가 수중에 있는지도 잊고 살게 됩니다. 그러다 한 번씩 목돈을 지출할 일이 발생하면 이 통장에서 꺼내 소비합니다.

용돈을 모두 다 현금으로 주게 되면 갖고 싶은 물건이 생기거나 먹고 싶은 간식이 있을 때마다 용돈을 지출하게 되어 소비를 통제할 수 없게 만듭니다. 반면에 용돈을 통제할 수 있는 시스템은 돈을 쉽게 쓰지 않고 모아서 소비하거나 통장에 돈이 있을 때 사고 싶은 것을 소비하는 훈련을 가능하게 합니다.

자녀들은 평소에 용돈의 대부분을 간식을 사먹는 데 씁니다. 그러다 시험을 본 후 친구들과 어울려 놀 때나 갖고 싶은 연예인의 앨범 등을 구매하려고 할 때 목돈이 필요합니다. 목돈 지출이 필요할 때 즉시 구매하는 것이 아니라, 저축통장을 통해 몇 달 동안 모아서 구매하게 하는 것을 배울 수 있습니다. 매달 받은 용돈을 그 달에 모두 소비하는 것보다 며칠 또는 몇 개월씩 참고 모아서 소비하게 하는 훌륭한 습관을 훈련할 수 있습니다.

다음으로 필요한 것이 평생통장의 개념입니다. 저축통장이 부모가 주로 이용하는 은행의 입출금통장이라면, 평생통장은 증권사의 CMA계좌가 적절합니다. 저축통장은 돈을 잠깐 넣어뒀다가 필요할 때 자주 꺼내게 되지만, 평생통장은 가능하면 입출금할 일이 없기 때문에 일정 기간 동안 예치했을 때 수익률을 제공하는 CMA통장이 유리합니다.

명절에 주위 어른들한테 받는 세뱃돈이나 자녀의 생일 때 받는 특별한 용돈 등을 이 통장에 입금하면 됩니다. 이 통장은 자녀의 장기적인 목적을 위한 용도입니다. 고등학교를 졸업하는 시점에 여행을 가거나, 구매하고 싶은 고가의 상품을 구매할 수도 있고, 대학을 간다면 필요한 시점에 사용하기 위해 오랫동안 돈을 모아두는 목적입니다. 기본적으로 고등학교를 졸업하는 시점인 스무살에 통장을 자녀에게 넘겨주고 본인이 관리할 수 있도록 유도합니다.

자녀가 성인이 된 후에도 이 통장을 해지하지 않고 유지해 종자돈을 관리할 수 있게 하고, 향후 성인이 되어서도 지출 통제를 위한 컨트롤타워 역할을 할 수 있도록 합니다. 이런 목적이기 때문에 통장의 명칭을 평생통장이라 정했습니다.

청소년기에 시작하는 용돈 지급과 용돈 통제 시스템은 자녀를 훌륭한 경제인으로 키우는 데 핵심적인 역할을 합니다. **저축통장과 평생통장은 결국 성인이 되어서도 하게 될 통장 관리의 예행 수단입니다.** 이는 우리 자녀에게 돈은 관리하는 것이 아니라 통제하는 것의 의미를 느끼게 해줄 수 있는 유일한 방법이라고 생각합니다.

용돈교육을 할 때 고려해야 할 것들

...

용돈의 사전적 의미는, 개인이 자질구레하게 쓰는 돈 또는 특별한 목적을 갖지 않고 자유롭게 쓸 수 있는 돈입니다. 경제교육의 핵심은 올바른 경제적 의사결정을 내리게 하는 것인데, 자녀가 용돈을 어디에 썼는지 캐묻고 문제를 제기한다면 자녀가 실수를 통해 배우거나 현명한 의사결정을 내리는 경험을 놓치게 합니다.

그동안 가정에서 부모가 먼저 모범을 보이며 올바르게 소비하는 모습을 보였다면 자녀의 소비 태도 또한 잘 훈련되었을 것이니 미리 걱정하지 않아도 됩니다. 문제가 생겼을 때, 부모는 문제를 해결하는 방법을 조언해주면 됩니다.

용돈교육의 목적은 돈에 관련된 내용을 기록하는 것이 아니라 미래를 계획해보고 지출을 절제해서 효과적으로 소비하도록 훈련시키는 데 있습니다. 그러므로 용돈기입장을 사용하지 않아도 됩니다.

용돈기입장은 어렸을 때부터 돈을 버는 방법에 대해 고민하는 것보다 벌어들인 돈을 관리하는 법에만 익숙하게 만들어 수동적인 성향의 경제인이 될 수 있게 합니다. 벌어들인 돈을 잘 관리하는 것도 중요하지만 돈을 잘 벌 수 있는 능동적인 생각과 기회들에 대해 깊이 있게 고민하는 시간을 놓칠 수 있다는 점에서 용돈기입장은 무의미합니다. 돈은 관리하는 것이 아니라 통제하는 것

216

이니 말입니다.

용돈의 범위는 학교(초등학교부터 대학교까지 학업을 지원하는 시점)를 다니면서 기본적으로 지출해야 하는 교육비, 도서구입비, 학원비 등을 제외한 소비성 지출을 의미합니다. 용돈의 범위가 너무 확장되면 교육적으로 역효과를 초래할 수 있습니다. 아무리 부모가 경제적으로 어렵더라도 교육에 관련된 소비는 다른 어떤 항목보다 우선되어야 합니다.

대학을 보내야 할지, 말아야 할지는 시대 상황과 세상의 흐름에 비춰 고민해야 하지만 이왕 보내기로 했다면 학업을 마치는 동안은 교육비와 교재비는 기본적으로 부모가 부담하게 될 것입니다. 물론 부모의 경제상황을 고려해서 말입니다.

자녀와의 대화를 통해 용돈 수준을 결정해야 합니다. 여기에서의 핵심은 용돈 관리보다 용돈의 범위와 금액을 함께 정하고, 용돈은 당연히 주고받는 것이 아니라 가정의 소득에서 일부를 지급하는 것이니 자녀가 이를 소중하게 생각하고 사용하도록 가르치는 것입니다.

투자는 성인이 된 후에 하는 겁니다

사회를 보는 눈이 없으면 투자에 성공할 수 없습니다.
너무 젊은 나이에 투자에 관심을 갖게 하는 건 좋지 않습니다.

젊어서부터 투자를 배우는 사람들

...

쉽게 번 돈은 쉽게 나간다고 앞서 이야기했습니다. 하지만 젊은 시절에는 이 말을 이해하지 못합니다. 하루라도 빨리 부자가 되어 편하게 살고 싶은 욕망이 강합니다. 패기와 야망을 가진 젊은이라면 누구나 부자를 꿈꿉니다. 부자를 꿈꾸는 것이 잘못은 아닙니다. 부자를 꿈꾸되 현실에서 실현 가능한 목표를 세워야 합니다. 자본주의 사회에서 부자가 될 수 있는 방법은 자신이 기업을 일으키거나 기업에 투자하는 겁니다.

부동산 투자는 젊은이들에게 자본의 한계가 있어 성공하기가 힘듭니다. 최근 정부의 정책도 이 방향으로 흘러갑니다. 재산이나 소득에 비해 과도한 대출을 받기가 힘들어졌으니 말입니다. 앞으로도 사회의 흐름은 부동산 투자로 돈을 벌기가 힘들어질 겁니다. 주식 직접투자도 어렵기는 마찬가지입니다. 쉽게 성공하기가 힘듭니다. 그럼에도 불구하고 우리나라의 젊은이들은 주식 투자와 부동산 투자에 귀중한 시간을 허비합니다.

최근에는 대학교에 주식 투자동아리들이 생겼습니다. 금융회사 입사의 목적이 아니라면 무슨 도움이 될까요? 20대 사회초년생이 부동산 투자를 배우기 위해 회사 일을 마치고 늦은 저녁에 관련 강좌를 듣습니다. 부동산 투자를 배워 일을 하지 않아도 돈이 들어오는 시스템을 만들 꿈을 꿉니다. 쉽지 않다는 것을 알면서도 돈을 쉽게 버는 일이라면 어떤 것도 마다하지 않습니다.

투자를 유도하는 증권회사와 언론

...

몇몇 증권회사에서는 대학생들을 대상으로 투자대회를 실시합니다. 매년 성공사례가 나옵니다. 대학생이 높은 수익률로 상금 몇천만 원을 벌고, 주최하는 곳에서는 상금을 줍니다. 도박장을 개설하고 타짜를 초빙해 화려한 기술로 수익을 거두는 모습을 보여주며 사람들을 끌어들이는 것과 무엇이 다를까요?

주식은 곧 기업입니다. 하나의 기업을 매출과 이익 등의 정량적 지표로 이해하고 투자 시기를 판단해서 투자하고 가격이 오를 때까지 기다리는 일은 매우 힘든 일입니다. 그 과정의 어려움이나 제대로 된 투자 철학의 전파 없이 투기를 유도하는 수익률 대회를 만들어서는 안 된다고 생각합니다.

심지어는 어려서부터 투자의 유익함을 배워야 한다며 초등학생에게도 주식 투자를 가르칩니다. 저축의 개념과 용돈 관리도 아직 실천하지 못하는 아이들에게 투자의 유용함만 강조하다보니 쉽게 돈을 벌 수 있는 수단이 주식 투자인 것처럼 오해하게 만듭니다. 누구나 시도해 볼 수 있고, 누구나 성공할 수 있고, 누구나 부자가 될 수 있다는 이 논리가 우리 아이들을 위험하게 키울 수도 있다는 것을 명심해야 합니다.

주식 투자를 하지 말라는 이야기는 아닙니다. 모든 사람이 기업을 만들 수 없고, 자본이 없는 사람도 좋은 아이디어와 능력만으로 기업을 만들고 성장시킬 수 있는 효율적인 시스템이 주식시장입니다. 주식시장이 존재하기 때문에 자본주의가 원활하게 운용됩니다. 또한 일반인이 근로소득 이외에 자산을 증대시킬 수 있는 방법이 주식에 투자하는 것이기도 합니다. 하지만 주식시장을 이해하지 못하거나 소득이 없는 사람이 많은 금액을 투자하거나, 사회초년생이 자신의 소득 범위를 벗어난 돈을 투자하기 시작하면 반드시 문제가 생깁니다.

여러분의 자녀가 젊은 시절에 자신의 직업을 위해 시간을 투입하지 않고, 주식과 부동산에 투자한다면 부모로서 걱정하고 올바른 방향을 제시해주어야 합니다. 그것을 통해 돈을 벌려는 수많은 중개인도 문제입니다. 그들이 그토록 많은 책과 강연을 통해 전파하려는 것이 무엇일까요? 그들의 이익을 위해서입니다. 여러분의 자녀인 청년들을 위해서가 아니라는 뜻입니다.

투자는 삶의 일부일 때 의미가 있습니다. 물려받은 자산에 의해 부자가 된 사람을 제외하면, 대부분 자신의 직업에서 성공해 부자가 되었습니다. 투자로 성공하기는 로또에 당첨되는 것처럼 힘든 일입니다. 로또도 매주 누군가는 당첨됩니다. 그 누군가가 되기 위해 오늘도 사람들은 꿈을 꿉니다. 로또는 그나마 투입하는 금액이나 시간이 문제가 될 수준은 아닙니다. 오히려 주식이나 부동산 투자가 문제가 될 것입니다. 젊어서는 이 사실을 알지 못하므로 부모가 제대로 교육해야 합니다.

여러분의 주위에 여러분의 자녀를 노리는 다양한 사람들이 있습니다. 현명한 경제생활을 하고 있는 어른들도 금융지식이 없어 어이없이 금융사기를 당합니다. 소득과 교육수준이 낮은 사람들이 사기를 당하는 것이 아닙니다. 제대로 된 금융교육을 받지 않았고 욕망을 적절하게 통제할 줄 모르는 사람들이 쉽게 사기를 당합니다. 이것이 부모가 자녀에게 어려서부터 돈에 관한 올바른 철학을 갖게 하고 경제교육을 해야 하는 이유입니다.

사회를 보는 눈이 없으면 투자에 성공할 수 없습니다

...

투자에서의 성공은 사람의 심리와 세상의 흐름과 본인의 돈에 관한 태도에 의해 결정된다고 앞서 이야기했습니다. 이 모든 것들을 이해하려면 시간이 필요하며 단번에 얻을 수 없습니다. 지식이 순식간에 생겨나는 것이 아니듯, 사회와 세상을 이해하기 위해서는 시간이 필요합니다.

청소년기에 세상에 대한 이야기를 아무리 해줘도 쉽게 이해하고 받아들일 수 없듯이, 사회초년생 시점에 기업을 경영하는 사장의 생각을 설명해도 이해하기가 힘듭니다. 사회를 보는 눈은 다년간의 직장생활에서의 경험과 지식의 축적이 필요합니다. 그중에서도 가장 중요한 것은 현장, 즉 돈이 오가는 현장입니다. 이를 시장이라고도 하고, 경제 현장이라고도 합니다.

지식이 많은 사람이 투자에서 성공하지 않습니다. 교수님들이 주식 투자에서 성공했다는 이야기는 별로 들어보지 못했습니다. 지식보다는 경제 현장에서 일하는 사람이 성공할 확률이 높습니다. 돈이 오가는 현장에서의 경제가 실제경제이며, 그것의 중요성을 이해할 수 있게 해야 합니다. 오랜 시간 동안 자신의 직업에서 일을 하며 배우게 되는 지식과 더불어 다양한 사람들과 교류하며 얻게 되는 시간들이 사회를 보는 눈을 키워줍니다. 사회를 먼저 이해해야 기업을 이해할 수 있습니다. 전체를 이해해야 일부를 판단할 수 있습니다.

투자에서 성공하기 위해서는 정량적인 지표가 아니라 정성적인 지표가 필요합니다. 겉으로 보여지는 숫자가 아니라 눈에 보이지 않는 심층적이고 직관적인 통찰이 중요하다는 말이죠. 일부는 그런 능력이 젊어서부터 존재할 수도 있고, 정량적인 지표만으로도 투자에서 성공할 수 있습니다. 하지만 확률적으로 나이가 들고 사회경험이 많을수록 이런 능력이 향상됩니다. 이런 능력이 생기는 데 필요한 세월 동안은 투자보다 돈을 통제하며, 투자를 위해 필요한 종자돈을 만들기 위해 집중해야 합니다.

젊어서 투자에 성공해도 문제입니다

...

설령 투자에서 성공해 많은 돈을 벌었다 해도 문제가 됩니다. 쉽게 번 돈이 쉽게 나갈 확률이 높듯이, 젊어서 쉽게 번 돈은 세상을 만만하게 볼 수 있는 자만심을 갖게 합니다. 앞으로 살아가야 할 시간이 많은데도 불구하고 얼마든지 쉽게 돈을 벌 수 있다고 착각하게 되는 것이죠.

경제 활동을 20년 이상 해보면 알 수 있습니다. 누구나 일정 시점에 돈을 잘 벌기도 하고, 일정 시점에 실직하거나 사업에 실패하기도 합니다. 일이 잘 되고 돈을 많이 버는 시점에는 본인이 일을 잘해서가 아니라 주위의 도움과 시대의 흐름이 절묘하게 잘

맞아 떨어졌기 때문입니다.

기술과 행운만의 문제가 아니라 주위 사람의 도움도 크게 작용합니다. 우연히 알게 된 사람이 사업의 성공을 돕거나 어떤 사건이 계기가 되어 사업을 확장하게도 할 수 있습니다.

반대로 일이 안 될 때는 어떤 노력을 해도 일이 풀리지 않습니다. 안 좋은 일이 겹칠 수도 있습니다. 이 시기를 잘 견뎌내야 합니다. 젊어서 쉽게 성공하면 이 시기를 버틸 힘을 키우지 못합니다. 천천히 느리게 성공하는 것이 훨씬 더 좋은 일입니다. 긴 인생에서 보면 말입니다.

투자를 통해 벌어들인 돈은 노동을 통해 힘들게 번 돈보다 가볍게 여겨지고, 일의 가치를 잊게 만들 수 있습니다. 직장생활을 하거나 장사를 하면 몸을 움직여서 일을 하게 되고 거기서 오는 고단함을 감당하기 힘듭니다. 많은 사람과의 관계를 형성해야 하고, 사람들을 만나는 것의 어려움과 피곤함은 극복하기 힘든 일일 수 있습니다. 반면 투자라는 것은 약간의 정보와 머리를 써서 성공할 수 있을 것처럼 보입니다. 적은 돈으로도 가능하다고 생각합니다. 한 번 성공하면 계속 그렇게 될 것 같다고 상상합니다. 주위에 주식 투자를 부추기는 사람은 또 얼마나 많습니까.

일하는 것의 가치나 직업에서의 성공을 이야기하는 곳은 드문 일입니다. 온통 쉽게 돈을 벌 수 있고, 쉽게 수익을 낼 수 있다고 자극합니다. 젊은 나이에 투자해야 할 곳은 자신의 직업과 좋은

사람과의 관계입니다. 거기에서 형성된 네트워크가 중요합니다. 하지만 이런 말들은 진부합니다. 기성세대에게도 이런 말이 진부하게 느껴지는데 청년들이야 오죽하겠습니까? 나이가 젊을수록 유혹은 더 견디기 힘든 법입니다.

부모가 자녀를 설득하기는 힘들어도 바른 길로 갈 수 있도록 권유는 해야 합니다. 젊어서 한 번에 1억 원을 버는 것이 행복이 아니라 불행의 시작이 될 수 있음을 부모들이 먼저 이해하고 자녀들에게 교육해야 합니다. 젊은 시절에 쉽게 들어온 돈은 삶의 방향을 어지럽게 만드는 독이 된다는 것을 명심하세요.

제대로 된 금융교육을 받지 않았고 욕망을 적절하게 통제할 줄 모르는 사람들이 쉽게
사기를 당합니다. 이것이 부모가 자녀에게 어려서부터 돈에 관한 올바른 철학을 갖게
하고 경제교육을 해야 하는 이유입니다.

빛에 대한
경각심을
갖게 해야 합니다

경제생활 시작 시점부터 신용카드를 만드는 건 좋지 않습니다
이 또한 빚이며 탐욕과 과소비를 조장하게 합니다.

자녀에게 빚의 정확한 의미를 이해시켜야 합니다

...

빚은 다양한 형태로 우리 삶 곳곳에 스며들어 있습니다. 담보대출부터 신용대출, 자동차할부 금융, 카드론, 학자금대출, 신용카드라는 이름으로 빚은 경제생활에서 늘 함께합니다. 빚에 대한 이해 없이 현명한 경제생활을 할 수 없습니다. 대부분 첫 번째 빚을 지기 시작하는 시점에서는 빚을 충분히 갚을 수 있다고 자신합니다. 빚을 긍정적인 것으로 생각하게 하는 경제환경 속에서 순수한 자녀들은 아무런 의심도 하지 않을 것입니다.

빚에서 헤어나지 못해 우울한 삶을 살고 있는 사람이 주변에

없다면 더욱 더 빚을 긍정적으로 생각합니다. 하지만 과도한 소비를 조장하는 시작이자 핵심은 신용카드라는 빚입니다. 저는 신용카드도 빚이라 생각하기 때문에 여기에서는 따로 구분해서 말하지 않겠습니다.

경제생활을 시작할 때 이미 받은 학자금대출이 있다면, 그것을 갚느라 아끼고 절약하며 살아야 합니다. 학자금대출도 빚입니다. 빚을 통해 수익이 발생할 가능성이 있는지를 면밀하게 파악해서 빚을 내야 하는데, 누구나 대학을 가니 공부에 흥미도 없고 미래의 꿈도 명확하지 않은 청년이 학자금대출을 받습니다.

금융감독원의 자료에 의하면, 학자금 목적을 제외한 은행권의 대학생 대출은 2018년 7월말 기준 1조 1,004억 원에 달했습니다. 시간이 갈수록 꾸준히 증가하고 있는데 대출금 증가세와 더불어 연체액 또한 증가하고 있습니다. 학자금을 제외한 대출은 돈을 빌리는 사람이 대학생으로 되어있는 것을 말하는데, 대학생들의 생활비 명목으로 대출한 것을 말합니다.

우리 자녀들은 빚을 상환할 때의 힘든 과정과 이자의 무서움을 모르기 때문에 학자금대출과 생활비대출을 쉽게 받습니다. 자녀가 스스로 판단하기에는 어려운 일입니다. 자녀는 고등학교를 졸업하고 바로 일을 하기보다는 대학에 가기를 바랄 것입니다. 부모가 가정의 경제상황과 자녀의 적성과 성적을 보고 판단해서 권유해야 합니다. *스무 살은 학자금대출을 받아서 어설픈 대학을*

갈 게 아니라 일을 해서 돈을 모아야 할 나이일 수 있습니다.

첫 직장에 들어가면 신용카드를 만듭니다. 한번 가정해보겠습니다. 만일 당신의 자녀가 2018년 1월에 직장에 입사해서 1일부터 일을 시작합니다. 1월의 급여는 2월 10일에 나옵니다. 그러면 2월에 급여를 받고 어디에 얼마를 쓸 것인지 계획한 뒤 소비를 해야 합니다. 하지만 대부분의 청년들은 1월에 입사하자마자 신용카드를 만들고 신용카드로 편리하게 소비를 합니다. 월급이 들어오지도 않았는데 말입니다. 빚으로 소비하는 시스템이 시작되는 순간입니다.

1월에 신용카드를 사용하고 2월에 급여를 받으면, 1월에 소비한 빚을 갚습니다. 2월에 신용카드를 쓰고 3월에 급여를 받으면, 마찬가지로 2월의 소비금액을 상환합니다. 이런 생활의 무한반복입니다.

그러다 실직을 하거나 빚의 규모가 너무 커지게 되면 신용카드 빚을 갚지 못할 수도 있습니다. 신용카드 빚의 일부만 갚고 계속해서 원금 대부분은 미뤄둡니다. 리볼빙이라는 개념이 있기 때문입니다. 리볼빙은 결제해야 할 빚의 일정 비율만 갚고 나머지는 미뤄주는 것을 말하는데 회전결제, 페이플랜, 자유결제, 최소결제 등의 이름으로도 불려집니다.

금리도 높은 이 리볼빙 개념을 이해하지 못해 손해를 보는 고객도 많습니다. 카드론 또는 카드대출과 다르지 않습니다. 그러다가 빚이 연체가 되었는데 당장 소득이 없으면 지옥의 문이 열립니다. 극단적인 상황이지만 미리 예측하고 대비하는 게 현명한 경제생활을 하는 것입니다. 자녀가 직장생활을 시작하는 시점에 가급적 신용카드 대신 체크카드로 경제생활을 시작할 수 있게 도와주어야 합니다. 이는 반드시 부모가 해야 할 일입니다. 신용카드 발급으로 돈에 관한 통제력을 잃을 수 있고, 돈의 흐름을 파악하는 데 어려움을 겪을 수 있습니다.

경제생활 시작 시점부터 신용카드를 만들면 안됩니다

...

신용카드 사용의 문제점을 모르는 사람은 없습니다. 아무리 많은 혜택이 있다 해도 그 혜택을 넘어서는 지출 초과가 문제가 됩니다. 담배가 건강에 해롭다는 것을 모르는 사람도 없습니다. 흡연으로 스트레스를 해소할 수도 있다지만 많은 질병의 원인이니 말입니다. 하지만 둘 다 쉽게 끊을 수 없습니다. 가장 좋은 방법은 시작하지 않는 겁니다.

요즘 부모들은 담배가 백해무익하다는 것을 자녀에게 이야기해줍니다. 저도 오랜 시간 담배를 피웠다가 금연에 성공했습니다. 이유는 아들에게 할 말이 없어서입니다. 본인은 담배를 피우면서 담배에 관한 부정적인 이야기를 자녀에게 하기는 어렵습니다. 담배를 끊은 사람으로서 자녀에게 담배를 처음부터 배우지 말 것을 수시로 이야기합니다.

신용카드도 마찬가지입니다. 자녀가 경제생활을 시작하는 시점부터 사용하지 않게 해야 합니다. 편리한 경제생활을 위해서는 체크카드와 교통카드라는 대안이 있습니다. 과거에는 대안이 없었기에 편리한 생활을 위해 신용카드를 사용했는지도 모릅니다. 혹시나 모를 비상자금 때문에 신용카드를 만들게 하는 것이 목적이라면 평소에 비상금을 따로 만들어놓는 습관을 가지게 하면 됩니다.

가끔 신용카드의 혜택 때문에 마음이 흔들릴 수도 있습니다. 이왕 소비를 할 거면 신용카드 혜택을 받는 게 나쁜 일은 아니라고 생각하는 것인데, 틀린 말은 아닙니다. 하지만 신용카드를 사용함으로써 한 달에 1만 5천 원의 혜택을 받는다면 그 2배인 3만 원 이상을 과소비하게 됩니다. 과연 신용카드회사가 손해 보는 일을 할까요? 당장 작은 이익을 놓칠 수 없다고 생각하는 마음이 과소비를 부릅니다.

저희 가정처럼 한 달에 지출별로 한도를 정해놓고 소비하는 가정도 가끔은 그 한도를 벗어납니다. 돈은 관리하는 것이 아니라 통제하는 것인데, 통제를 가로막는 가장 큰 요인이 신용카드라면 잘 고민해봐야 합니다. 따지고 보면 신용카드는 몇 달 또는 몇 년 동안 무료로 돈을 빌려주는 것도 아닙니다. 어차피 한 달 동안만 빌려 주는 것이고, 다음 달에 바로 갚아야 할 빚입니다.

여러분의 소비생활을 바꿀 수 없다면 자녀에게는 잘못된 소비생활을 피하게 해주세요. 여러분 또는 여러분의 배우자가 이미 담배를 배워 끊을 수 없는 처지에 있지만, 여러분의 자녀에게는 흡연을 권장하지 않는 것처럼 말입니다.

탐욕과 과소비를 조장하는 것이 바로 빚입니다

...

빚이 존재한다는 것의 가장 큰 문제는 그 빚이 훗날 갚을 수 없는 지경에 다다랐을 때 가정경제를 근본적으로 흔들 수 있다는 점입니다. 하지만 그 지경까지 가지 않더라도 빚이 있다는 것은 우리 삶에서 이자를 갚는 것이 당연하게 생각하도록 만듭니다. 대학을 다닐 때도, 결혼해서 집을 살 때도, 차량을 구매할 때도 빚은 늘 존재합니다.

오늘날 우리는 빚이 없는 삶을 상상할 수 없습니다. 집을 사기 위해 집 가격의 일부를 갚을 수 있는 수준에서 빚을 내는 것은 괜찮습니다. 사업을 하는 도중에 일시적으로 자금 융통이 되지 않을 때 빚을 낼 수도 있습니다. 그 외에 투자 또는 소비를 위해 빚이 필요할까요? 신용카드를 포함해서 말입니다.

본인이 보유하고 있는 재산의 수준이나 벌어들이는 소득 수준을 벗어난 투자와 소비가 현명하지 않다는 것은 이미 여러 번 말해왔습니다. 평정심을 잃게 만들기 때문입니다. 빚을 통해 과도한 수익을 꿈꾸는 것도 빚을 갚아야 한다는 강박관념 때문에 실패할 확률이 큽니다. 빚이 존재한다는 것을 잊어버린 채 소비하는 것은 현실의 문제나 어려움을 회피하기 위해서입니다.

그래서 빚은 경제생활에서 일시적인 시점에 필요악의 개념으로 존재할 수 있지만 최대한 빠른 시간에 상환해야 합니다. 특히 부자가 아니라면 더욱 빨리 해결해야 할 근본적인 문제입니다. 그러므로 자녀에게 빚의 무서움을 알게 해야 합니다.

여러분이 빚을 갚기 위해 해야 할 것들

...

빚을 낸 후 그 돈으로 무엇을 충당하고 있는지 확인해야 합니다. 주택담보대출이라면 장기적인 관점에서 숫자로 계획을 세워 갚아나가면 됩니다. 재무상황이 나아졌다면 당연히 빨리 상환해야 합니다. 주택담보대출은 가정에 경제적 위기가 오지 않는다면 큰 문제가 발생하지는 않을 것입니다. 자동차 구매나 물건을 사기 위해 빚을 낸 것이라면 돈에 관한 태도에 문제가 있는 것입니다.

폐차할 수준의 차를 가지고 있고, 모아놓은 돈이 부족하다면 빚을 내어 차를 구매할 수도 있습니다. 하지만 그 정도가 아니라면 빚으로 소비를 하는 것은 근본적으로 잘못된 사고방식이며, 바꾸어야 할 습관입니다.

만일 빚을 내어 생활비를 충당하고 있다면 가정의 소득원천에 문제가 있거나 소비습관이 문제가 있는지 점검해야 합니다. 자신이 하고 있는 일이 생활비를 충당할 수도 없을 정도라면 여러 가지 방법으로 일을 더 잘하기 위해 노력해야 합니다.

일을 잘하기 위해 일정 기간 동안 시도했음에도 개선되지 않는다면 다른 일을 찾아야 합니다. 일을 통해 벌어들이는 금액이 문제가 되는 수준은 아닌데, 그 돈으로 고가의 사치품을 소비하고 있다면 소비 규모를 줄여야 합니다. 빚을 갚기 위해서는 현재의 재무상황을 꼼꼼히 확인하고 지출 흐름을 이해하는 과정이 반드시 필요합니다.

제 역할은 빚에 대해 과도한 경각심을 갖게 하는 것입니다. 일부 재테크 책에서는 빚의 유용함을 과장되게 이야기하고, 일부 전문가들은 빚이 있어도 문제가 없다고 이야기합니다. 제가 아무리 빚의 무서움을 이야기해도 대부분은 즉시 상환을 위해 노력하지 않을 것입니다. 그걸 알고 있기 때문에 더욱 더 빚에 대해 두렵게 이야기하는 것이 저의 일입니다. 저로 인해 단 한 사람이라도 빚으로부터 해방될 수 있다면 좋겠습니다.

빚은 다른 위험한 것과 마찬가지로 중독입니다. 한 번 맛보면 끊을 수 없습니다. 가급적 자녀에게 그 달콤함을 맛보지 않게 하는 것이 중요합니다. 만일 자녀가 달콤함을 알게 되었다면 그것의 두려운 모습을 보여주어야 합니다. 빚 중독에서 쉽게 헤어나오지 못하는 사람이 경제활동인구 중에서 상당합니다.

제가 강의하는 수많은 곳에서 빚으로 고통받고 있는 사람들을 만나고 있습니다. *빚을 갚고 있는 사람이 그 빚으로부터 탈출하고 새로운 삶을 살고 싶으면 우리 정부에서 운용하는 서민금융진흥원(https://www.kinfa.or.kr)을 찾기 바랍니다.* 만일 하루하루 경제활동을 열심히 해도 과도한 빚이 있다면 삶은 우울합니다. 노력해서 갚을 수 있는 수준이라면 갚아야겠지만, 그럴 만한 수준을 벗어났다면 정부에서 제도화한 '개인회생과 파산신청'을 해야 합니다.

신용회복위원회를 거치는 과정이 있지만 과도한 빚을 가진 사람은 이자의 감면이나 상환의 연장이 중요한 것이 아니라 원금의 탕감이 중요합니다. 가급적 개인회생이나 파산 신청을 통해 빚의 근본적인 해결을 위해 노력할 것을 권유합니다.

창업은
직장생활을 경험한 후에
하는 것입니다

창업은 직장생활을 경험한 후에 시작할 것을 추천합니다. 직장생활의 경험이
창업 성공 확률을 높여주기 때문입니다.

창업에 대해 오해하는 것들

...

청년들의 실업이 문제가 되는 시대입니다. 통계청 자료에 의하
면, 청년(15세에서 29세까지의 경제활동인구 중 실업자의 비율) 실업률은
2018년 8월 기준 10%에 달합니다. 대기업의 고용률은 점점 줄어
들고 있고, 중소기업은 청년들이 가지 않으려고 합니다. 대기업에
비해 급여 수준이나 복지가 비교가 되지 않으니 말입니다. 국내
기업 환경은 중소기업에 취업했다가 대기업으로의 이직이 쉽지
않습니다. 하지만 최근에는 이런 일들이 자주 발생합니다.

기업에 입사하기 힘들거나 기업의 여러 가지 문제나 제약 때문

에 공무원이 되려는 청년들도 많습니다. 경쟁률이 높지만 고용의 안정성이 뛰어나기 때문입니다. 공무원 시험에 한 번 붙으면 평생 고용이 보장되니까요. 공무원 응시생이 청년 인구의 25% 수준이라는 말도 있습니다.

여러분의 자녀도 예외가 아닐 겁니다. 청년들의 취업률이 미래에는 지금보다 높아진다고 합니다. 인구구조나 경제 상황에 의해서 말입니다. 하지만 과거 2000년 이전의 고성장 시기는 다시 오지 않을 것입니다. 고학력 인구가 늘어나 직업에 대한 눈높이는 높아졌는데 그에 상응하는 일자리는 창출되지 않았죠. 정부나 대학에서는 대안으로 창업을 권유합니다. 일자리가 늘지 않고 취업이 힘드니 창업을 통해 실업률을 낮추려는 것입니다.

그러나 통계를 보면 청년들의 창업 성공률이 얼마나 낮은지 알 수 있습니다. 최근 중소벤처기업부의 자료에 의하면 정부가 창업을 지원한 기업 중 30대 미만 연령대의 5년 생존율은 19.5%에 불과합니다.

대학에서는 창업학과를 만들거나 적극적인 창업 독려 프로그램으로 벤처기업 창업을 지원합니다. 교수가 직접 기업을 만들고, 자신이 가르치던 학생들을 채용하기도 합니다. 이공계의 창업이 그렇게 만들어지는 경우도 많습니다. 기술에 창의력을 더해 새로운 제품이나 아이디어로 수요를 창출할 수도 있겠죠.

미국 실리콘밸리의 많은 기업들은 청년들이 만들고 투자합니다. 하지만 그들도 성공 확률이 높지 않습니다. 전문적인 기술이 없는 청년들의 창업은 더 위험합니다. 과잉시장인 자영업에 청년들까지 합세하니 성공하기가 더 힘든 현실입니다.

직장생활의 경험이 창업 성공 확률을 높여줍니다

...

제가 대학을 졸업할 때가 IMF 구제금융 시기인 1998년이었습니다. 학점이 높았던 것도 아니고, 영어를 탁월하게 잘했던 것도 아닙니다. 하지만 제가 가진 장점과 창의력을 더해 대기업에 합격했습니다.

저는 입사 후 그 당시 대기업의 짜여진 시스템에 적응하지 못했습니다. 성과는 탁월했지만 숨이 막히는 시간들이었습니다. 그래서 대기업을 그만 두고, 전도유망한 중소기업에 입사했습니다. 대기업보다는 자유롭고, 회사와 제가 함께 성장하는 과정을 보며 몇 년의 시간을 보람 있게 보냈습니다.

대기업과 중소기업 양쪽의 사회경험으로 자신감이 생겼고, 창업을 결심했습니다. 청소년 시절부터 스스로 일을 기획하고 책임지는 기업가가 되는 것이 꿈이기도 했습니다. 불과 서른한 살의 나이로 쉽지 않은 결정이었습니다.

지금 생각해보면 본인의 능력에 대한 과도한 자신감이 있었습니다. 짧은 기간이었지만 기업에서 가장 중요한 마케팅과 영업

업무를 배웠으니 세상에 홀로 서도 충분하다고 생각했습니다. 기획 능력과 영업력, 그리고 일을 진행해나가는 추진력까지 제가 가진 장점으로 어떤 일을 해도 성공할 것 같았습니다.

젊은 시절에 이런 무모함이 필요할 때도 있습니다. 하지만 기업 또는 어른이라는 보호막이 있을 때 무모함은 용기가 되고, 도전이 됩니다. 탁월한 기술력이 있을 때 큰 성공이 따라오기도 합니다. 저에게는 믿을 만한 어른이 없어 더 그랬던 것 같습니다. 대학 시절 아버지가 돌아가셔서 아버지의 부재도 한 몫 했을지 모릅니다.

사업 초기에는 승승장구했습니다. 일도 적성에 맞았고, 재미도 있었습니다. 당연히 돈도 따라왔습니다. 그러다 일정 시점부터 실패의 길로 들어섰습니다. 안 좋은 일은 순식간에 도미노처럼 이어졌습니다. 인고의 세월이었고, 무엇을 해도 안 될 때였습니다. 갖은 노력을 다해도 결과가 나오지 않았지만 그 시간을 견뎌내다보니 어느 정도 안정된 상태로 돌아왔습니다. 롤러코스터 같은 청춘시절이었습니다.

과도한 자신감으로 충만했던 사업 초기의 시간을 지나 인고의 시간을 거치고 현재는 평안한 상태에 있는 것 같습니다. 쉽지 않은 인생을 살다보니, 열정보다 중요한 건 경험이고 인내의 시간이란 걸 깨닫게 되었습니다. 기술이나 실력보다 중요한 것은 사람과의 관계라는 것도 깨닫게 되었습니다.

자신의 능력보다 중요한 것은 시장의 흐름 또는 시대에 대한 통찰이란 걸 알게 되었습니다. 멀리 있는 이상을 보고 세상보다 너무 빨리 달려 나갔던 것은 아닌지 후회가 되기도 합니다. 세상에 나를 맞추기보다 세상을 나에게 맞추려고 하다 보니 힘든 시간이었습니다. 이 모든 것이 직장생활을 오래할수록 알게 된다는 사실을 이제야 알게 되었습니다.

직장생활을 짧게 한다고 이런 것들을 얻을 수 없는 것도 아니고, 직장생활을 오래 한다고 이 모든 능력이 생기는 것도 아닙니다. 하지만 직장생활을 오래 한 사람이 경험과 인내의 시간들로 창업에서 성공 확률이 높다는 것은 진실입니다.

장년에 창업해야 성공확률이 더 높아집니다
...

다음은 〈머니투데이〉 임상연 중견중소기업부장의 칼럼입니다.

중소벤처기업부에서 발표한 자료는 2018년 상반기 전체 신설법인 10곳 중 7곳 이상이 40대 이상이 세웠다고 한다. 이 중에는 60대 이상이 설립한 기업이 5,438개사로 30대 미만이 설립한 3,599개보다 훨씬 많다. 앞서 말한 5년 생존율이 30대 미만은 19.5%였지만 40대 57.9%, 50대 55.1%, 60대 이상도 46.3%에 달한다. 이 같은 현상은 비단 국내에 국한된 것이 아니다. 미국 매사추세츠공과대학(MIT)의 피

에르 아주레이 교수팀이 2007~2014년 미국에서 스타트업(신생벤처기업)을 설립한 270만 명의 창업가를 조사한 결과 창업 당시 평균 나이는 41.9세였다. 성장률 상위 0.1%에 드는 고성장 스타트업 창업가의 경우 평균 45세로 더 높다. 아주레이 교수는 40대 이상 시니어의 창업이 더 활발하고 성공 가능성도 높은 이유로 사회생활을 하면서 쌓은 지식과 인맥 등 경험을 꼽는다. 무언가 이루고자 하는 그들의 열정에 경험이 불쏘시개가 된 것이다.

합리적이고 이성적으로 생각해 보면, 대기업 취업이나 공무원 되기는 하늘의 별 따기입니다. 학력과 스펙과 탁월한 노력이 뒷받침되어야 한다는 것을 우리 모두 압니다. 하지만 지금과 같은 시대에 대기업만 바라보는 것은 무모할 수 있습니다. 도전하지 말라는 것이 아니라, 도전하려면 자신만의 독특한 장점과 능력이 있어야 한다는 말입니다.

그렇지 않다면 다른 길도 생각해야 합니다. 하지만 하늘에 있는 별을 따지 못한 청년들이 창업을 고민하면 안 됩니다. 대기업에 취업해서 좋은 인맥을 경험하지도 못한 청년들이 창업을 꿈꾸면 안 됩니다. 작은 회사에서나 작은 일이라도 경험을 쌓아야 합니다. 마음에 들지 않겠지만 사회와 경제를 배우기 위해 필수적인 일입니다.

직장생활을 어디서도 해보지 못한 자녀들이 기업을 일으키고 성공을 꿈꾸는 것은 어른들이 말려야 되는 일입니다. 정부나 대학에서 부추겨서도 안 될 일입니다. 하다못해 대한민국 자영업의 대표 업종인 치킨 가게를 한다 해도 3년 이상은 종업원으로 일해보고 시작해야 합니다. 그 어떤 업종을 창업하든 3년 이상은 그 업종에 대해 경험해야 합니다.

사장으로서가 아니라 종업원의 입장에서 일을 바라본 후에야 사장이 되었을 때 유능한 경영자가 될 수 있습니다. 창업을 부추기는 사회와 정부의 방향이 잘못되었지만, 그것을 막을 수 없다면 당신의 자녀라도 말려야 합니다. 부모라도 바른 길로 안내해야 합니다. 자녀에게 그 어떤 경제교육보다 중요한 점입니다. 자녀의 미래를 위해 이를 꼭 실천해주시기 바랍니다.

마무리하며

당신에게는
사유할 시간이 필요합니다

이 책을 지금까지 모두 읽으셨다면 시간을 갖고 생각해봐야 합니다. 단순한 생각이 아니라 깊이 있는 사유가 필요할지도 모릅니다. 삶의 중심을 어디에 둘 것인가에 관한 선택의 시간 말입니다. 제가 살아온 시간동안 스스로 경험했고, 타인의 삶을 들여다보며 내린 결론입니다.

재테크를 일생의 과업으로 생각하고 집중하며 살 것인가? 자신의 직업에 몰두하고, 소득 범위 내에서 위험에 대비하고, 미래를 위해 저축하며 살 것인가? 단지 그것만 할 것인가?

어떤 게 옳은 길이고 어떤 것이 틀린 길인지 알 수 없습니다. 정답이 있지도 않습니다. 제 경험은 '어떤 길이 더 행복할 수 있을까'를 기준으로 생각했을 때 도움이 될 수 있을 겁니다. 재테크에 집중한다고 그 분야에서 성공한다는 보장도 없습니다. 오히려 실패할 확률이 높고, 성공하더라도 돈 이외에 많은 것을 잃을 것이 확실합니다.

재테크가 본인 인생의 화두가 된다면 굴곡진 삶을 받아들여야 합니다. 끊임없이 돈을 더 벌기 위해 시간과 노력을 투입해야 합니다. 인생에서 재테크가 사라진 삶이 고요하다면, 재테크가 중심인 삶은 감정의 희비가 교차합니다. 실의에 빠질 때도 있고, 환희 속에서 감정의 과잉으로 사건이나 사고에 휘말릴 수도 있습니다.

평온한 삶을 사는 사람들은 드러나지 않습니다. 누군가에게 자신의 생각을 적극적으로 알리지도 않습니다. 묵묵하게 자신의 길을 걸을 뿐입니다. 재테크는 최소한의 지식이면 충분합니다. 삶의 희열을 돈이 아닌 것에서 찾습니다. *그들은 돈이 전부인 것처럼 돌아가는 세상에 휘말리지 않기 위해 마음의 근육을 단련합니다.* 마음의 근육을 단련하는 방법은 3가지가 있습니다.

첫째, 자연 속에서 보내는 시간을 자주 가집니다. 자연은 우리의 지친 영혼을 치유합니다. 자신의 내면을 볼 수 있도록 고요한 자신만의 시간을 선사합니다. 삶과 일의 균형을 찾을 수 있도록 독려합니다.

둘째, 다양한 책을 읽습니다. 책과 함께 보내는 시간은 일상에 갇혀있는 마음을 상상력의 세계로 안내합니다. 책은 사람과 사회를 깊이 있게 사유하도록 도와줍니다.

셋째, 산책은 일상을 다르게 보는 방법을 알려줍니다. 느리게 걷는 시간은 사물을 다르게 볼 수 있도록 안내합니다. 길가에 핀 꽃들과 이웃들의 웃음과 아이의 조잘거림이 눈에 들어옵니다. 속도에 지친 마음을 인간이 가지고 있는 원래의 걸음걸이로 변화시켜줍니다.

자연과 책과 산책을 여러분의 마음에 두세요. 돈은 자신의 일과 이 3가지가 함께 균형을 유지할 때 비로소 목적이 아닌 수단이 됩니다.

젊은 시절에는 세상의 중심에 서고 싶고, 특별하게 살고 싶어 합니다. 돈만 있다면 모든 것이 다 해결될 것이라 생각합니다. 많은 돈으로 편리한 생활을 할 수 있고, 끝없는 욕망의 충족으로 일상이 행복해질 것이라 믿습니다.

돈이 많아지면 새로운 것에 대한 호기심과 혁신에 대한 욕구가 생겨나야 돈이 많아진 개인의 삶이 좋아지고, 세상도 발전합니다. 하지만 대부분의 사람들은 돈이 많으면 그 순간과 욕망의 충족에 머물고 맙니다.

젊은 시절에 화려한 삶을 살아보았거나 삶의 굴곡진 길을 걸어온 사람은 평범한 삶이 그립다고 말합니다. 그렇게 될 수 없다는 걸 알면서도 평범하게 사는 인생을 꿈꿉니다. 타인의 시선과 타인의 입에 오르내리지 않는 것이 얼마나 행복한지 모릅니다.

저는 페이스북 계정을 없앤 뒤 자유를 찾을 수 있었습니다. SNS가 가진 여러 장점에도 불구하고 중대한 단점은 자유로운 삶을 잃어버리게 한다는 것입니다. SNS를 통해 알게 된 긴밀하지 않은 사람들과의 연결고리가 끊어지니 내 시간과 생각을 온전히 나의 것으로 만들 수 있었습니다. 인터넷으로 사람을 보지 않으니 오히려 사람이 그립고, 사람을 멀리서 바라보니 오히려 이해되는 부분이 많아졌습니다.

스스로가 중심인 세상은 그렇게 많은 돈이 필요하지 않습니다. 그런 생각을 유지하기 위해서는 유튜브, 페이스북, 트위터, 인스타그램 등을 놓아야 합니다. 가끔씩 들여다보는 수준으로 그쳐야 합니다. 매일 또는 매시간 유혹을 견뎌낼 수 있는 마음의 근육을 키워놓아야 합니다.

성공은 노력과 정보에 의해 결정되지 않는다고 앞서 이야기했습니다. 세상에 대한 통찰과 두려움 없는 실행과 본인이 가지고 있는 기질과 성향에 의해 결정됩니다. 더 나아가 그 사람이 처한 환경까지 영향을 끼칩니다. '성공할 것인가, 더 많은 돈을 벌 것인가'에 집착하지 마세요. 그것을 내려놓는 순간, 오히려 더 큰 성공과 부가 여러분을 따라올 수도 있습니다.

고마운 마음을
전합니다

저는 어떤 일을 배우고 익혀 쉽게 제 것으로 만들지 못합니다. 돈을 잘 벌지도 못합니다. 제가 돈을 많이 버는 것이 아니라, 저로 인해 고객들이 돈을 많이 벌고 돈으로부터 자유로워지게 하는 것이 일의 목적이었습니다.

그 목적을 달성하기 위해 16년의 시간이 필요했습니다. 지금까지 몇 권의 책을 출간했지만 일반인들이 읽기에는 너무 어렵고 전문적인 용어가 많았습니다. 이제야 5번 만에 제가 전하려는 내용을 온전히 전달한 것 같습니다.

아이러니하게도 글을 경어체로 쓰고 저를 낮추니 가능한 일이 되었습니다. 이렇게 시간이 오래 걸릴 거라고는 생각하지 않았습니다. 그 긴 시간 동안 저를 재무상담사로 신뢰하고 의지했던 고객들의 도움이 가장 컸다고 생각합니다. 일일이 이름을 거론하지 못해 미안하고 고마운 마음입니다.

전국의 다양한 곳에서 강의할 수 있도록 섭외해준 평생교육기관 담당 공무원분들이나 교사분들에게 고맙다는 말을 전합니다. 특히 충남연구원 경제교육센터의 김양중 센터장님과 이태호 연구원에게 고맙다는 말을 하고 싶습니다. 2013년부터 5년 동안 부족한 저에게 강의를 믿고 맡겼습니다. 평생교육기관에서 제 강의를 경청한 수강생들 또한 일일이 이름을 말할 수 없지만 고마운 마음 한가득입니다.

제 강의를 듣고 함께 모임을 만들고 열심히 참여해준 윤수연, 유영미, 김혜정, 방혜경, 김선희, 윤소영, 송은진, 이경주, 최민경, 오햇님 회원님들에게도 고마운 마음을 전하고 싶습니다. 제 초고를 읽고 의견을 주신 남궁윤선, 남정화님 외 여러분들에게도 고마운 마음입니다. 제가 하는 일을 지지해 주고 가끔 만나 대화하는 것만으로도 제게 영감을 준 사람들이 있습니다. 유용선님, 박성필님, 김종희 선배에게는 특별히 감사 인사를 전하고 싶습니다.

한 번도 직접적으로 표현하지 못했지만 책을 통해 고맙다는 말을 하고 싶었던 가족 친지를 한 사람씩 소개하고 싶습니다. 살아온 세월만큼 지지하고 응원해준 누나 조유미와 매형 최상국, 그리고 잘 자라준 조카 최현정, 최현빈, 제 일을 오랜 시간 묵묵히 이해해주고 제 삶의 다채로움을 지지해준 처가식구들 주문희, 최감우, 주문영, 손완재, 주장연, 윤영경, 주보영, 주미경, 김희열, 주명희 그리고 오랜 술벗인 전병진. 겉으로 드러나지는 않지만 자신이 위치한 곳에서 묵묵히 주어진 일을 해내고 있는 젊은 조카들 최상진, 최유경, 손석진, 손석현, 주동성, 김완영. 아직 미래가 창창한 어린 조카들 주민경, 김하영, 전용건.

　살아가면서 만나게 되는 여러 문제를 해결해가는 과정에서 서로에게 힘이 되어주는 가족이라는 인연, 사랑스런 아내 보희와 듬직한 남자가 되어가는 아들 성민에게도 고맙고 사랑한다는 말을 전하고 싶습니다.

조진환

조진환 선생님 강의를 들은
수강생들의 후기

재테크 정보보다 중요한 건 어떠한 것들이 있는지, 돈 관리를 하지 못
하는 이유가 무엇인지, 돈에 대한 올바른 태도에는 어떠한 것들이 있
는지 각 장의 부제와 하위 항목만 읽어도 저자의 의도가 무엇인지 미
루어 짐작할 수 있고, 한 권의 책을 잘 요약해놓은 느낌이 듭니다. 이
책은 돈에 대한 심리와 흐름을 알게 하고 행복하고 현명한 경제생활
을 위해서는 돈에 관한 통제력이 중요하다는 것을 강조하면서 돈에
대한 올바른 태도를 위해 노력해야 함을 강조하고 있습니다. 선생님
의 저서에서 끊임없이 강조하는 돈에 관한 통제력을 이전의 책보다는
조금 더 편하게 접근할 수 있게 한 책인 것 같습니다. 부담 없이 편하
게 읽혔어요. 인생의 중반기 30년에 해당하는 사람이기도 하지만, 경
제적 지식이 없는 저 같은 아줌마도 편하게 접근 가능한 책인 것 같습
니다.

_ 송은진(교육행정공무원)

보통의 사람들이 살면서 반드시 필요한 것은 많은 돈을 얻기 위한 지식이나 돈을 효율적으로 불리기 위한 세세한 지식들이 아니라, 돈에 대한 철학과 올바른 가치관이라는 것을 이 책을 통해 제 안에 깊이 새겼습니다. 선생님이 쓰신 책들을 읽을 때마다 더욱 깊은 확신을 가질 수 있었습니다. 선생님이 계속 이렇게 경제에 대해 어렵지 않게 이야기하며 돈이나 정보가 아니라 스스로를 돌아보고 통제할 줄 아는 철학과 가치관을 강조하는 책을 내시는 이유가 제가 느낀 바와 크게 다르지 않다면, 역시나 선생님의 선택은 옳다고 생각합니다.

요즘같이 정당한 노동만으로는 부자는커녕 당장의 삶도 하루하루 버텨내기 쉽지 않은 시대에 언론이나 각종 미디어에서는 사람들의 경제 눈높이를 높이는 자극적인 모습들만 노출해대고 사람들의 무리한 지출을 조장하기까지 하는 상황에서 저 같은 사람도 느끼는 안타까움과 답답한 마음을 전문가이신 선생님께서는 당연히 갑절은 더 느끼고 계시리라 생각합니다. 선생님께서 하시는 활동들 역시 그 마음으로부터 비롯되고 있는 것이 아닐까 하는 생각도 듭니다. 그러니 앞으로도 저 같이 평범한 사람들이 인생을 살면서 '경제'라는 것이 결코 특별하고 어려운 것이 아니라 우리 삶의 일부분이라는 것을 느낄 수 있도록, 또 우리가 지향해야 할 것은 돈을 많이 벌거나 많이 불려서 남부럽지 않게 사는 것이 아니라 건강한 노동활동을 통해 번 돈을 나와 가족과 행복을 위해서 진중하게 관리할 수 있어야 함을 계속해서 강조해주셨으면 좋겠습니다.

_ 오햇님(전업주부)

이 책을 읽고 나니 진정으로 돈에 연연하지 않고 돈으로부터 자유로워질 수 있을 거란 생각이 들었습니다. 선생님의 책에는 단지 돈을 현명하게 관리하는 방법만을 제시한 것이 아니라 선생님의 경험에서 비롯된 철학이 담긴 에세이를 담아낸 것 같았고, 그래서인지 쉽고 편하게 읽으며 공감할 수 있었던 것 같았습니다. 선생님의 생각의 깊이에 매우 놀랐고 그런 생각들을 이렇게 마음을 움직일 수 있을 정도의 글로 담아 낼 수 있다는 것에 또 한 번 놀랐습니다. 소박하고 자유로운 삶에 대해 이야기한 소로우의 명작 『월든』보다 선생님의 책이 훨씬 더 독자에게 쉽게 공감할 수 있고 마음을 울릴 수 있는 그런 책이라고 생각했어요. 그리고 금전적인 면이 아니더라도 다른 면에서도 현명하게 살수 있는 여러 가지를 제시해준 책이 될 것 같고 독자들은 이 책에서 여러 가지를 배우고 영감을 얻을 수 있다고 확신합니다. 아무쪼록 많은 사람들이 이 책을 읽고 삶의 여러 면에서 좀 더 여유로움을 가질 수 있었으면 좋겠습니다.

_ 방혜경(북까페 '모모' 운영)

강사님이 그동안 많은 경험과 공부, 사유를 통해 얻고 체득한 삶에 대한 방향과 또 현재의 삶을 통해 진정한 부의 의미와 진짜 행복의 의미에 대한 답을 간접적이지만 잔잔하게 느끼게 해주시는 게 좋았습니다. 강사님의 가치관과 그동안 살아온 인생 안에 진정한 행복과 진정한 부자는 내면이 충만하고 삶의 가치를 알아가는 삶이라는 것을 많은 내용 안에 핵심처럼 숨겨두지 않았나 하는 생각이 들었습니다. 이 책을 읽으며 저자가 책을 쓰는 이유와 고뇌, 독자의 입장에서 부자라는 개념에 대해 함께 질문하고 독자 스스로 생각해볼 수 있게 하는 흐름이 좋았고, 돈에 대한 올바른 관점은 결국 심리, 흐름, 태도에 의해 결정이 된다는 것을 정의해 좋았습니다. 사유하는 삶, 우리가 보내는 시간들이 결국 우리의 경제 수준을 결정짓고 일과 삶의 균형과 사유를 통해 삶의 부유함이 결정된다는 생각이 들었습니다. 이 책은 재테크 서적이라기보다 삶의 방향을 다시 되새기게 해주는 인문학 책이 아닐까 하는 생각도 들었습니다. 경제 공부를 하기 전에 먼저 읽어야 할 마음의 방향, 태도를 바꾸는 기본 책으로 읽으면 좋을 것 같습니다.

‒ 남정화(임상병리사)

돈에 대한 의미를 다시 생각해볼 수 있다는 점에서 좋았습니다. 돈 자체를 목적이 아닌 수단으로서 어떻게 생각하고 관리해야 목적으로 둔갑하지 않는지를 깨우쳐주는 것 같습니다. 특히 라이프 사이클에서 재무적인 이벤트에 관한 부분은 30, 40대가 정말 공감할 부분이라고 생각합니다. '사유하는 삶'에 대한 부분은 정말 신선한 것 같습니다. 요즘 우리는 SNS, 대중매체 등을 통해 공유하는 삶을 강요받고 있는 것 같거든요.

제게 와닿았던 문구는 다음과 같습니다. '세상은 본인의 기준으로 사는 겁니다' '부는 근면하고, 인내심이 강하며, 계획적이고 자제력이 있는 생활 습성으로 얻을 수 있다. 이 중에서도 가장 중요한 것이 바로 자제력이다' '단지 매체에서 제공하는 정보를 반대로 해석하는 훈련을 하세요. 그것이 현명한 경제생활을 위한 첫 걸음입니다' '마음의 평화와 스스로의 온전한 삶을 위해 때로는 세상의 소리에 귀를 기울이지 않아도 됩니다' '여러분이 보내는 시간이 여러분의 경제 수준을 결정합니다' '부자를 꿈꾸지 말고 현명하고 행복한 경제생활을 꿈꾸세요. 왜 부자가 되어야 하는지 생각해보고, 부자가 되기 위해 무엇을 희생해야 할지 구체적으로 생각해보시기 바랍니다'

‒ 윤수연(전업주부)

부모라면 10대 자녀들에게 꼭 해주고 싶은 말들
심리학자 아버지가 아들 딸에게 보내는 편지

김동철 지음 | 값 15,000원

부모가 10대 자녀들에게 꼭 해주고 싶은 말들을 편지의 형식을 빌어 전달한, 10대의 진정한 성장을 돕는 책이다. 세 자녀를 둔 고민 많은 부모이자 소아청소년 심리전문인 저자는 귀찮고 화가 나고 공부가 싫은 우리 시대의 10대들에게 소통과 사랑, 꿈과 공부의 가치를 공감의 문제로 들려준다. 이 책은 정체성 혼란의 시기를 겪는 사춘기 아이들과 양육의 혼란에 빠진 부모들에게 길잡이가 될 것이다.

주변에 사람이 모여드는 말 습관
이쁘게 말하는 당신이 좋다

임영주 지음 | 값 15,000원

말의 원래 모습을 잘 살려 따뜻한 삶을 살고 싶은, 이쁘게 잘 말하고 싶은 사람들을 위한 공감의 책이다. 특히 주변 사람들로부터 "말 좀 제발 이쁘게 하지?"라는 말을 한 번이라도 들어본 적 있다면 이 책을 꼭 읽을 것을 권한다. 한 번뿐인 소중한 인생, 우리 모두 '성질'과 '성격'대로 마구 말하는 것이 아니라 '인격'으로 다듬어 말하는 사람, 즉 이쁘게 말하는 사람이 되어보자. 말은 우리의 모든 것이기 때문이다.

노주선 박사의 리더십 클리닉
리더는 어떻게 생각하고 행동해야 하는가

노주선 지음 | 값 15,000원

리더로서 나름대로 노력하고 열심히 하는데도 방향을 제대로 잡지 못하는 경우가 많다. 정답도 모른 채 어떻게 해야 할지 혼자 고민하고 괴로워하는 리더들에게 올바른 가이드를 제공해주는 것이 이 책의 목적이다. CEO, 임원, 리더의 대인관계나 휴먼스킬 등을 오랫동안 교육·코칭해온 심리학자인 노주선 박사는 리더들이 털어놓은 실제 고민에 대한 답변과 효과적인 솔루션들을 제시한다.

마음이 아픈 사람을 위한 글쓰기 치유법
글쓰기로 내면의 상처를 치유하다

이상주 지음 | 값 15,000원

이 책은 견디기 힘든 상처를 안고 살아가는 사람들에게 어떻게 하면 그 상처를 치유하고 회복할 수 있을지 자세히 소개한다. 스스로를 변화시키는 방법이야 많겠지만 저자는 글쓰기가 최고의 방법이라고 말한다. 누구에게도 꺼내지 못했던 마음속 외침을 일기장에 쓰다 보면 가장 편안해지는 나를 느낄 수 있을 것이다. 매일 글을 쓰는 나, 매일 감사함으로 충만한 나, 매일 새로워지는 나를 만들어보자.

착한 사람들이 힘들어하는 9가지 이유
나는 좋은 사람이기를 포기했다

듀크 로빈슨 | 값 15,000원

저자는 진성으로 좋은 사람이 되기 위해 자신의 감정이나 생각을 당당하고 솔직하게 딜어놓는 연습을 할 것과 남에게 비치는 나보다 당당하고 솔직한 진짜 나로 살아갈 것을 당부한다. 거절하지 못해 힘들게 살아가는 사람들은 온전한 자기 인생을 결코 살아갈 수 없다. 이 책을 통해 내 안에 웅크리고 있는 나약한 어린아이의 실체를 똑바로 알고, 왜곡된 사고의 틀을 허무는 지혜를 터득할 수 있을 것이다.

스스로에게 당당하면 충분히 빛나는 인생이다
나는 눈치 보지 않고 당당하게 살기로 했다

강상구 지음 | 값 15,000원

우리는 사람이기에, 살아있기에 스스로가 세상의 중심이라고 생각하며 자신의 뜻을 펼쳐야 한다. 한 번뿐인 인생을 이 책을 통해 멋지고 행복하게 살아보자. 저자는 방법과 질문을 통해 스스로의 삶을 좀더 당당하게 살아갈 수 있도록 유도한다. 이 책을 읽으며 저자가 말한 방법을 적용하고 스스로에게 질문해보자. 그 순간 눈치 보지 않고 당당하게 맞서고 있는 자신을 발견하게 될 것이다.

나는 매일 개들과 사랑하며 산다
당신과 반려견 사이

유상우 지음 | 값 15,000원

이 책은 정신과 의사가 반려견을 만나면서 얻은 깨달음을 담은 반성문이자 3마리 개와 함께 사는 소소한 즐거움을 담은 기록이다. 정신과 의사의 눈으로 바라본 당신과 당신의 반려견 사이에 존재하는 특별한 시그널, 그 시그널을 만들어내는 호르몬 이야기를 담은 이 책은 반려견들의 일상 모습을 담은 사진까지 다양하게 실려 있어 보는 재미가 쏠쏠하다.

먹는 것 때문에 힘든 사람들을 위한 8가지 제안
음식이 아니라 마음이 문제였습니다

캐롤린 코스틴 · 그웬 그랩 지음 | 값 16,000원

캐롤린 코스틴은 실제로 거식증을 앓아 '살기 위해' 심리학을 공부했으며, 이를 자신에게 직접 적용해 완치한 후 미국 최고의 섭식장애 전문가가 되었다. 이 책은 먹는 것으로부터의 회복과 자유를 갈구하는 사람들에게 진정 필요한 것이 무언인지 명쾌하게 알려준다. 먹는 것 때문에 고통을 겪는 사람들은 물론이고, 주변의 가족과 친구들도 이 책을 읽으며 한결 마음의 안정을 얻을 수 있을 것이다.

■ 독자 여러분의 소중한 원고를 기다립니다 ─────────────────

메이트북스는 독자 여러분의 소중한 원고를 기다리고 있습니다. 집필을 끝냈거나 집필중인 원고가 있
으신 분은 khg0109@hanmail.net으로 원고의 간단한 기획의도와 개요, 연락처 등과 함께 보내주시면
최대한 빨리 검토한 후에 연락드리겠습니다. 머뭇거리지 마시고 언제라도 메이트북스의 문을 두드리시
면 반갑게 맞이하겠습니다.

■ 메이트북스 SNS는 보물창고입니다 ─────────────────

메이트북스 홈페이지 www.matebooks.co.kr

책에 대한 칼럼 및 신간정보, 베스트셀러 및 스테디셀러 정보뿐
만 아니라 저자의 인터뷰 및 책 소개 동영상을 보실 수 있습니다.

메이트북스 유튜브 bit.ly/2qXrcUb

활발하게 업로드되는 저자의 인터뷰, 책 소개 동영상을 통해 책
에서는 접할 수 없었던 입체적인 정보들을 경험하실 수 있습니다.

메이트북스 블로그 blog.naver.com/1n1media

1분 전문가 칼럼, 화제의 책, 화제의 동영상 등 독자 여러분을 위
해 다양한 콘텐츠를 매일 올리고 있습니다.

메이트북스 네이버 포스트 post.naver.com/1n1media

도서 내용을 재구성해 만든 블로그형, 카드뉴스형 포스트를 통해
유익하고 통찰력 있는 정보들을 경험하실 수 있습니다.

메이트북스 인스타그램 instagram.com/matebooks2

신간정보와 책 내용을 재구성한 카드뉴스, 동영상이 가득합니다.
각종 도서 이벤트들을 진행하니 많은 참여 바랍니다.

메이트북스 페이스북 facebook.com/matebooks

신간정보와 책 내용을 재구성한 카드뉴스, 동영상이 가득합니다.
팔로우를 하시면 편하게 글들을 받으실 수 있습니다.

───

STEP 1. 네이버 검색창 옆의 카메라 모양 아이콘을 누르세요.   STEP 2. 스마트렌즈를 통해 각 QR코드를 스캔하시면 됩니다.
STEP 3. 팝업창을 누르시면 메이트북스의 SNS가 나옵니다.